SV

Für David,
der mich, Bob Dylan und New York liebt.

Inhalt

Immer noch New York

Ein Ziel

Wenn ich in New York spazieren gehe, habe ich dabei gern ein Ziel. Egal, wo ich spazieren gehe, ich habe immer gern ein Ziel. Ich bin keine ziellose Spaziergängerin. Keine von denen, die planlos von hier nach da schlendern können.

Ich brauche immer einen Plan. Ohne Plan bin ich hilflos. Ich plane alles. Ich plane meinen Tagesablauf. Ich plane Diäten. Ich mache Pläne für meine Anrufe. Ich mache mir Notizen zu den Dingen, die ich mit verschiedenen Freundinnen besprechen will. Ich mache mir Notizen zu den Dingen, die ich meinen Arzt, meinen Zahnarzt, meine Fußpflegerin fragen oder die ich mit ihnen besprechen will. Und zu den Dingen, die ich mit meinem Mann, meinen Kindern und meinem Vater besprechen will.

Dad fragen, ob er noch mehr Wedel-Schokolade braucht, wäre beispielsweise eine typische Notiz. Wedel ist die polnische Schokolade, die mein Vater schon als Kind aß. Letzte Woche hatte ich mir eine Notiz gemacht, dass ich ihn fragen wollte, ob er außer der Schokolade Lust auf frisches Pastrami von Katz's Deli habe. Er wollte beides, und deshalb musste ich erst zu dem polnischen Feinkostgeschäft an der First Avenue und danach zu Katz's an der East Houston gehen. Das ist ein Spaziergang von mehr oder weniger fünfzig Minuten, der mich durch das East Village und ans Ende der Lower East Side führt.

Ich weiß, dass es viele Dinge gibt, die selbst den besten Plan durchkreuzen können. Aber ich plane mit Umsicht. Vor allem meine Spaziergänge. Ich gehe nicht gern auf Entdeckungsreisen. Es gefällt mir, auf dem Weg zu einem bestimmten Ziel Entdeckungen zu machen.

Mein neuestes Lieblingsziel ist Grand Central Station. Oder, wie der Bahnhof offiziell heißt, Grand Central Terminal. Der Spaziergang von meinem Zuhause in SoHo dorthin dauert etwa fünfzig Minuten.

Bei schlechtem Wetter kürze ich den Spaziergang manchmal ab und fahre den Rest der Strecke mit der Subway. Ich fahre gern mit der Subway. In der Subway ist man unzweifelhaft in New York. Die New Yorker Subway ist so typisch für New York. Sie ist zuverlässig, schnell und von Menschen aus aller Herren Länder bevölkert.

Fast vierzig Prozent aller New Yorker stammen nicht aus New York. Von den Einwanderern wiederum kommen um die zweiunddreißig Prozent aus Lateinamerika, sechsundzwanzig Prozent aus Asien, zwanzig Prozent aus nichtspanischen karibischen Nationen, siebzehn Prozent aus Europa und vier Prozent aus Afrika. Diese enorme Vielfalt macht New York City zu einer der großartigsten Städte unseres Planeten.

Einer meiner verwegensten Pläne ist es, eines Tages mit jeder Subway-Linie New Yorks von einer Endhaltestelle zur anderen zu fahren.

Es erdet mich, in der Subway zu sein. Ich fühle mich eins mit allen anderen. Eins mit einer großen Menschheit. In der Subway trennen uns keine Alters-, Herkunfts-, Geschlechts- oder Religionsschranken. Wir sind zusammen. Oft genug eng aneinandergequetscht.

Ich habe mich schon auf Sitze zwischen Fremden gequetscht, deren Leben sich ansonsten niemals mit meinem berührt hätten. Und das ist ein wunderbares Gefühl. In der Subway fühle ich mich nie allein. Oder gar einsam. Ich verspüre ein Gefühl der Zugehörigkeit, was für mich ein sehr seltenes Gefühl ist.

Mehrere Jahre lang war ich nicht imstande, die Subway zu nehmen. An der Subway lag es nicht. Vielleicht ging es dort etwas ruppiger zu als heute, aber Millionen Menschen nehmen sie jeden Tag. Nein, es lag an mir.

Ich konnte mich nicht von dem Gefühl befreien, dass ich mich im Untergrund befand, unter dem Erdboden, unterhalb all dessen, was lebendig war. Jedes Mal wenn ich versuchte, die Treppe zur Subway hinunterzugehen, war mir zumute, als würde ich begraben. Außer jeder Reichweite. Ich war so froh, als dieses Gefühl sich irgendwann legte.

Ich bin stolz darauf, dass ich meinen Weg vom Ausgang der Subway an Grand Central bis zur Bahnhofshalle im Griff habe. Es ist nicht besonders schwierig, sich bis zur Halle hindurchzulavieren, aber außer bei Auseinandersetzungen bin ich sehr schlecht darin, mich durch irgendetwas hindurchzulavieren. Ich liebe die Atmosphäre von Bahnhöfen. Ich liebe die Geschäftigkeit und das Gedränge von Abfahrt und Ankunft. Besonders an Grand Central. Es ist ein höfliches Geschiebe und Gedränge. Es gibt keinen Stress, keine Hysterie und meistens keinen Ärger.

Es ist so anders als die angespannte und nervöse Atmosphäre an fast jedem größeren Flughafen der Welt. Niemand schubst, niemand drängelt. Niemand wirft einem sein Gepäck auf die Füße. Vor zwei Jahren hat ein Mann, der in der Warteschlange am Check-in für einen Flug von New York nach Seattle vor mir stand, seinen Koffer auf mein Bein fallen lassen und mir dann beteuert, dass es sicher nicht wehgetan habe. Heute habe ich noch immer einen blauen Fleck am Bein.

Grand Central Station gilt manchen als der größte Bahnhof der Welt, als der schönste Bahnhof der Welt und als der geschäftigste Bahnhof der Welt. Geschäftig mag es dort zugehen, aber man spürt es nicht. Dieser sehr geschäftige Bahnhof wirkt ziemlich friedlich und zivilisiert.

Jeden Tag verkehren mehr als siebenhundertfünfzigtausend Leute an diesem Bahnhof und mehr als siebenhundertfünfzig

Züge kommen an und fahren ab. Grand Central hat vierundvierzig Bahnsteige und siebenundsechzig Gleise. Ich liebe es, solche Dinge zu wissen. In nicht allzu ferner Zeit wird die Long Island Rail Road eine neue Station unterhalb der Gleise von Grand Central eröffnen. Dann wird Grand Central fünfundsiebzig Gleise und achtundvierzig Bahnsteige haben.

Der Bahnhof ist sehr groß. Größer als achtundvierzig Morgen Land. Mit den hohen Deckengewölben und seinen gigantischen Ausmaßen ist er auch sehr schön. Er ist elegant und nimmt sich anmutig und zugleich solide aus. Alles an Grand Central ist robust. Nichts macht den Eindruck, provisorisch oder nicht für die Dauer gebaut zu sein. Der Bahnhof wurde 1913 errichtet, und er wirkt, als hätte es ihn schon immer gegeben. Und als würde es ihn immer geben.

Grand Central ist mehr als ein Bahnhof. Es ist eine kleine Stadt in einer größeren Stadt. Es gibt einen Ableger des Verkehrsmuseums, es gibt Bäckereien, Cafés, Zeitungskioske, einen Gemüsemarkt und fast genauso viele Läden wie in SoHo.

Man kann Fastfood oder gesundes Essen in dem Dining Concourse kaufen, der sich in dem Geschoss unterhalb des Erdgeschosses befindet, oder man kann die Oyster Bar besuchen. Die Oyster Bar ist berühmt. Sie ist ein großes Restaurant für Meeresfrüchte und eine New Yorker Institution. Wie den ganzen Bahnhof gibt es sie seit 1913. Das Restaurant ist groß, aber es ist weder unpersönlich noch chaotisch. Man kommt sich dort vor, als speiste man in einer anderen Zeit. Alle sind zu allen höflich. Die Kellner tragen Uniform. Niemand wird laut.

Die Speisekarte ist endlos lang. Als ich zuletzt nachzählte, gab es allein zweiunddreißig verschiedene Sorten Austern. Ich liebe Meeresfrüchte. Ich esse kein rotes Fleisch und nur selten Geflügel. Nicht weil ich ein Tierfreund wäre. Das bin ich nicht. Mir gefällt nur die Vorstellung nicht, etwas zu töten, um es zu essen. Unlogischerweise kommen Fische in meinem Denken nicht vor. Und obwohl ich kein Fleisch esse, koche ich welches.

Ich hätte fast aufgehört, Fisch zu essen, als ich einen Fisch sah, den mein Mann am Strand von Long Island gefangen hatte. Der arme Fisch zappelte mindestens eine Minute lang mit dem Kopf nach unten, bevor er einen kleineren Fisch erbrach und ohnmächtig wurde. Ich hatte nicht gewusst, dass Fische sich übergeben können. Wahrscheinlich hat er sich unter Schock übergeben. Es dauerte einige Monate, bis ich wieder Fisch essen konnte.

Der Ort in Grand Central, den ich unbedingt aufsuchen muss, ist der Markt. Dort gibt es eine Auswahl der Dinge, die ich am liebsten mag. Brot, Käse, Fisch, Nüsse, Schokolade und Kuchen. Mein Vater liebt Kuchen. Ganz besonders liebt er Biskuit. Er spricht das amerikanische Wort für Biskuit, »sponge«, so aus, dass es sich auf »lunch« reimt. Der Biskuitkuchen aus Moishe's Bake Shop an der Second Avenue war sein größter Favorit. Aber letztes Jahr wechselte er plötzlich zu einem chinesischen Biskuitkuchen mit Zitronenaroma aus einer Bäckerei namens Lucky King and Dragon Land über.

Dann kaufte ich ihm eine Schnitte von Eli Zabars Napfkuchen in dem Markt in Grand Central. Er war begeistert und nannte diesen Kuchen den »schweren Biskuitkuchen« im Unterschied zu dem chinesischen Kuchen, den er fortan den »nicht so schweren Biskuitkuchen« nannte.

Zu häufige Besuche bei Eli Zabars Brot- und Gebäckstand stellen eine Gefahr für mich dar. Die Brötchen mit Rosinen und Pekannüssen sind eine schwere Versuchung. Ich versuche, mich auf ein Brötchen zu beschränken. Und das Brot mit Rosinen und Pekannüssen kaufe ich nie, weil ich fürchte, ich könnte es auf dem Nachhauseweg zur Hälfte aufessen.

Man könnte all seine Einkäufe in Grand Central erledigen.

Es gibt dort alles. Es gibt einen Apple Store und eine Bank. Man kann seine Sehkraft testen und seine Schuhe reparieren lassen. Und fast alles kaufen, was man braucht. Und es gibt Frankies Dogs on the Go. Als ich die Anzeige zum ersten Mal sah, dachte ich, es handele sich um einen Hundesitter, wo man seinen Hund auf dem Weg zur Arbeit abgeben und abends wieder abholen könnte. Aber Frankies Dogs on the Go ist ein Hot-Dog-Laden.

Man kann in Grand Central seinen Tennis- oder Squashschläger auf dem Weg zur Arbeit abgeben und abends neu bespannt abholen. Grand Central Racquets gibt es seit 1933. Grand Central Racquets ist offenbar für alle Arten von Sport, für die man Schläger benötigt, zuständig, ob Tennis, Squash, Racket, Badminton oder Hallentennis. Was Hallentennis ist, weiß ich nicht, aber ich vermute, dass es nichts mit der Markthalle von Grand Central zu tun hat.

Trotz des Vorhandenseins und offenbaren Erfolgs von Grand Central Racquets fällt es mir schwer, mir New Yorker Arbeiter vorzustellen, die auf dem Weg zur Arbeit an Tennis oder Squash oder Badminton denken. Die meisten New Yorker sind auf dem Weg zur Arbeit nicht besonders entspannt.

Die Stadt ist offenbar sportlicher, als es den Anschein hat. In Grand Central Station habe ich einen Tennisclub entdeckt. Den Vanderbilt Tennis Club. Das ist kein gewöhnlicher Tennisclub. Die Räume haben eine Deckenhöhe von fast zehn Metern und einen Tennisplatz, der für die US Open qualifiziert wäre. Für zweihundertfünfundzwanzig Dollar kann man ein Feld für drei Stunden mieten. Für dreihundert Dollar kann man drei Stunden Einzelunterricht nehmen.

Als Mitglied des Vanderbilt Tennis Club kann man nicht nur die Spielfelder nutzen, sondern auch Fitnessräume sowie New Yorks einzige Anlage, mit der man seine Schlagtechnik per Video in Zeitlupe analysieren kann.

Ich glaube, ich werde trotzdem widerstehen. Ich habe noch nie Tennis gespielt. Und ich werde jetzt nicht damit anfangen, selbst wenn mehr New Yorker, als ich für möglich gehalten hätte, ihre Tennisschläger neu bespannen lassen und sich ihre Schlagtechnik auf einem Video in Zeitlupe ansehen.

Eine Entdeckung

Nach meinem Kenntnisstand sind alle Männer verblüffend sachkundig, wenn es darum geht, einer Frau den Büstenhalter auszuziehen. Eine Handbewegung, und die Frau ist von ihrem Büstenhalter befreit. Einer Frau einen Büstenhalter *anzuzie-*hen, ist eine andere Sache. Männer können es nicht. Die meisten haben es noch nie versucht.

Zu Beginn des Jahres 2013 musste ich mich an der Schulter operieren lassen. Ich hatte eine Rotatorenmanschettenruptur und Risse im Bizeps und in zwei Sehnen. Das ist sehr schmerzhaft. Ich kann es niemandem empfehlen. Und man kann keinen Büstenhalter anziehen. Monatelang. Mein Mann mochte sich noch so bemühen – und mein Mann ist wirklich geschickt –, dem Büstenhalter war er nicht gewachsen. Ich will damit sagen, dass er ihn mir nicht *so* anziehen konnte, dass ich mich halbwegs würdevoll in die Öffentlichkeit hätte wagen können.

Da ich mich gezwungen sah, so viel über Büstenhalter nachzudenken, fiel mir auf, dass ich ein paar neue Büstenhalter brauchen könnte. Ich kaufe nicht gern Dinge, die erfordern, dass man sich in einem engen Verschlag mit greller Beleuchtung vor einem hohen Spiegel auszieht. Und es gab ein zweites Problem: Auch nach fünf Monaten konnte ich nur mühsam einen Büstenhalter anziehen. Ich beschloss, La Petite Coquette auszuprobieren, ein Wäschegeschäft am University Place in Greenwich Village, das es seit Jahren gibt. Ich nahm meinen Mann mit. Nicht, weil ich seine Hilfe beim Aussuchen gebraucht hätte. Nur beim Anziehen.

Mein Mann betrat La Petite Coquette, warf einen Blick auf die dünne, spitzenbesetzte Unterwäsche, die von Kleiderbügeln baumelte, in Körben aufgehäuft war, auf Tischen ausgebreitet lag und die Wände bedeckte, und verspürte das dringende Bedürfnis, sich draußen vor dem Laden mit einer Obdachlosen zu unterhalten. Ich konnte ihn verstehen. Ich würde unter Eid versichern, dass ein Quadratmeter Stoff für den gesamten Warenbestand des Ladens an Slips mehr als ausreichend gewesen sein dürfte.

Es roch gut in dem Laden. Die Ausstattung war im Stil der 1920er in Paris gehalten. Erotische Gemälde an den Wänden, handbemalte Lampenschirme auf den Tischen. Ich beglückwünschte mich, dass ich diesen Laden entdeckt hatte. An der Wand neben mir sah ich ein gerahmtes und signiertes Foto von Woody Allen. »Ich weiß nicht, wie es bei Ihnen ist, aber ich sehe immer noch fabelhaft aus«, hatte Woody Allen für Rebecca, die Inhaberin des Geschäfts, geschrieben. An den Wänden hingen unter anderem gerahmte Fotos von Uma Thurman, Julianne Moore, Liza Minnelli, Britney Spears, Anjelica Huston und Sarah Jessica Parker. Ich weiß nicht, wieso ich geglaubt hatte, ich hätte diesen Laden entdeckt.

Ich ging in die Umkleidekabine und probierte sieben oder acht Büstenhalter an. Tania, die Verkäuferin, half mir dabei. Ich gab mir große Mühe, mich nicht im Spiegel anzusehen. Vielleicht sieht sich nicht einmal Scarlett Johansson gerne nackt in einem hohen Spiegel. Und ich fragte mich für einen Augenblick, ob Männer auch das Gesicht verziehen, wenn sie sich nackt im Spiegel sehen.

Als ich mich endlich für zwei Büstenhalter entschieden hatte, war ich zerzaust und verschwitzt. Ich verließ die Umkleidekabine mit meinen zwei Büstenhaltern – und stieß fast mit meiner Literaturagentin zusammen. Das Büro meiner Literaturagentin liegt in der Upper West Side. Die meisten geschäftlichen Dinge wickeln wir telefonisch ab. Ich habe sie mir nie in einem Wäschegeschäft in Downtown vorgestellt.

Im Allgemeinen lege ich Wert darauf, wie eine sensible, nachdenkliche Schriftstellerin auszusehen und nicht wie eine schwitzende, aufgeregte Frau mit rotem Kopf, die vom Shoppen kommt und gerade sieben oder acht Büstenhalter anprobiert hat. Wir plauderten ein wenig. Es stellte sich heraus, dass sie genau wie Uma und Liza und Britney seit Jahren bei La Petite Coquette einkauft.

Ich verließ das Geschäft, die Tüte mit meinen neuen Büstenhaltern fest im Griff. Draußen unterhielt mein Mann sich immer noch mit der Obdachlosen. Offenbar hatte sie ein geradezu enzyklopädisches Wissen über amerikanische Filme. »Das Filmemachen ist ein ganz besonderes Geschäft«, sagte sie gerade. »Da sind so viele Leute beteiligt, aber wenn nur ein Einziger Mist baut, Regisseur, Produzent, Cutter oder Kameramann, ist der ganze Film im Eimer. Jeder gute Film ist entgegen allen Erwartungen gut.«

Sie nickte mir zu. »In interessanten Filmen geht es nicht darum, dass die Bösen interessant sind«, fuhr sie fort, »sondern darum, dass auch die Guten komplex und interessant sind.« Daraus kann ich was lernen, dachte ich.

Ruhe

In dieser ziemlich hektischen Stadt suche ich immer wieder nach Winkeln des Friedens und der Ruhe. Einer meiner Lieblingsorte war die Bank vor der Bäckerei an der Sullivan Street. Dort konnte man sitzen, so lange man wollte, und den Duft frischgebackenen Brotes genießen. Das Paar, das die Bäckerei führte, hat sich getrennt, und die Filiale wurde geschlossen.

Aber Galina, die russische Pediküre auf der Seventh Avenue, die ich alle sechs Wochen aufsuche, gibt es noch. Ich bin eine treue Kundin Galinas und habe in ihrem Gefolge mehrmals den Kosmetiksalon gewechselt. Das liegt nicht nur daran, dass Galina sich mit der rohen Kraft und der Präzision eines orthopädischen Chirurgen über meine Zehennägel hermacht, sondern auch daran, dass Galina nichts unwichtig findet. Sie ist sehr russisch. Nichts ist unbedeutend. Und es gibt nichts, worüber man nicht in Panik geraten könnte. Ich für meinen Teil kann ziemlich angespannt wirken und, um ehrlich zu sein, schnell in Panik geraten. Neben Galina komme ich mir vor wie eine enge Verwandte des Dalai Lama.

»Vera mag Sex wirklich«, sagte Galina bei meinem letzten Besuch zu mir. Vera ist ihre Kollegin und die Inhaberin des Pediküresalons. Beide sind Russinnen und um die sechzig.

»Tatsächlich?«, sagte ich. »Woher wissen Sie das?«

»Sie redet über nichts anderes«, sagte Galina.

»Sie redet über Sex?«, fragte ich in einem Ton, der wesentlich schriller klang, als ich beabsichtigt hatte.

»Selbstverständlich«, sagte Galina. »Sie redet über Sex und darüber, wie sehr sie Sex mag.«

Ich war schrecklich, ja entsetzlich neugierig darauf, was

Vera genau sagte. Nur wenige Frauen aus meiner Bekanntschaft sprechen über Sex oder, besser gesagt, darüber, was sie davon halten. Ich holte tief Luft und öffnete den Mund, um Galina zu fragen, was genau Vera gesagt hatte, als sie über Sex redete, als Galina ziemlich laut sagte: »Ich mag keinen Sex.«

Das brachte mich einigermaßen aus dem Konzept. »Oh«, sagte ich. Schweigen trat ein, und ich hoffte, Galina wollte nicht hören, was ich von Sex hielt. Gerade in diesem Moment war ich mir nicht sicher, ob ich meine Gedanken zum Thema Sex erforschen wollte. Außerdem dachte ich, dass dieses Thema mehr Zeit erforderte als meine Zehennägel.

»Ich mag keinen Sex«, sagte Galina noch einmal. Sie sagte es in dem Ton, in dem man sich über eine Spülmittel- oder Möbelpolitur- oder Bohnerwachsmarke äußert, die man nicht mag.

»Oh«, sagte ich noch einmal. Ich wollte nicht, dass mein »Oh« zu mitfühlend klang, als täte Galina mir leid, weil sie Sex nicht mochte, aber es kam heraus wie ein schüchternes Quieken und so, als hätte ich ein Problem und nicht Galina.

Was ich Galina wirklich gerne gefragt hätte, war, warum sie Sex nicht mochte, welcher Teil am Sex es war, den sie nicht mochte, und ob es irgendetwas am Sex gab, was sie mochte. Stattdessen sagte ich nichts. Ich brachte kein Wort heraus. Mein Schweigen ärgerte mich. Ich kam mir wahnsinnig verklemmt vor. Oder schlimmer: prüde.

Galina arbeitete weiter und erzählte mittlerweile von einer Kundin, bei der vor kurzem Lungenkrebs diagnostiziert worden war. Galina erwog die Behandlungsmöglichkeiten der Frau. Galina hat zu so gut wie jeder Krankheit oder Verletzung, die einen Menschen ereilen kann, eine Ansicht und auch gleich ein Rezept parat. Galina hat die Nägel so vieler Frauen poliert, geschnitten, gefeilt und geglättet. Sie hat ihre Bikinizonen gewachst und ihre Augenbrauen und Wimpern gefärbt und verfügt über genügend Kenntnisse für einen Doktortitel in Medizin. Fundierte Informationen über Gesundheitsfürsorge sind in New York eine harte soziale Währung. Viele Kundinnen Galinas lassen ihre Symptome nach ihren Ratschlägen behandeln. In der Regel weiß sie auch, welche Fachärzte etwas taugen und welchen man aus dem Weg gehen sollte.

Galina erzählte von einer chirurgischen Behandlung, die ihre Kundin erwog. Ich versuchte mir nicht einzubilden, ich hätte Schmerzen im linken Lungenflügel. Diese Stadt hat meinem Eindruck nach mehr als ihren gebührenden Anteil an Hypochondern. Ich bin nicht die Einzige. Und ich fragte mich, wie ich das Gespräch darauf zurückbringen könnte, dass Galina keinen Sex mochte. Es kam mir ausgesprochen ungehörig vor, ein Gespräch über Lungenkrebs mit einer Frage nach Sex zu unterbrechen. Und ich ließ es bleiben.

Caffe Dante

Caffe Dante in der MacDougal Street ist für viele fast ein zweites Zuhause. Mein Mann und ich fühlen uns dort so wohl wie in den eigenen vier Wänden. Das heißt, wir fühlten uns dort wohl, bis die Gerüchte aufkamen. Gerüchte, dass das Café, das seit Jahrzehnten besteht und zum Alltag so vieler Menschen gehört, schließen würde.

Leise Panik machte sich unter den Stammgästen breit. Wie bei allen Gerüchten wurden nur ständig Behauptungen und Halbwahrheiten hinter vorgehaltener Hand getuschelt, die sich oft widersprachen und viele Lücken ließen. Doch alle waren sich darin einig, dass es ganz danach aussähe, als würde das Caffe Dante demnächst schließen.

Das waren keine guten Nachrichten. Mehrere Stammgäste befürchteten, dass ihre Welt, die Welt des Greenwich Village der 1960er und 1970er, endgültig verschwinden würde, wenn es das Caffe Dante nicht mehr gab. Das meiste von dieser Welt war bereits verschwunden.

Joe's Dairy in der Sullivan Street existierte nicht mehr. Plötzlich und ohne Vorankündigung hatte der Laden zugemacht.

In Joes Lädchen hatten alle aus der Gegend seit Jahren ihren Käse gekauft. Der frische und der geräucherte Mozzarella fanden in ganz New York nicht ihresgleichen. Der Käse in Joe's Dairy war unübertroffen und kostete einen Bruchteil dessen, was die zahlreichen Gourmetgeschäfte ringsum verlangten.

Wenn man in Joe's Dairy einkaufte, erfuhr man auch immer interessante Dinge. Joe's Dairy lag gegenüber St. Anthony's Church. Wenn es dort einen Beerdigungsgottesdienst gab, konnte man in Joe's Dairy erfahren, wer gestorben war.

In Joe's Dairy bekam ich auch von dem Priester, der für die Priester von St. Anthony's kocht, einige sehr gute Ratschläge für die Zubereitung von Pasta. Sobald die Nudeln abgetropft sind, mischt man ein bisschen Sauce darunter. Danach kann man so viel Sauce zugeben, wie man für erforderlich hält. Das war ein sehr nützlicher Hinweis.

Wenige Wochen nach dem Ende von Joe's Dairy begegnete ich zufällig Rose, die dort jahrelang gearbeitet hatte, bei Raffetto's in der Houston Street, wo sie inzwischen arbeitete. Ich fand es aufregend, sie bei Raffetto's zu sehen. Rose und ich haben über zehn Jahre Kochrezepte und Familiengeschichten ausgetauscht. Raffetto's gibt es seit einhundertacht Jahren an der Houston Street. Dort bekommt man die besten frischen Ravioli. Meine Lieblingssorte sind die Ravioli mit Wildpilzen.

Milady's, ein Restaurant mit Bar an der Ecke Thompson Street und Prince Street, gibt es auch nicht mehr. Das ein wenig heruntergekommene Lokal hatte sich seit fünfzig Jahren an dieser Ecke befunden. Es war nie schick oder angesagt gewesen. Es war ein Lokal, in dem man etwas trinken und essen konnte, ohne dafür ein Vermögen zu bezahlen und ohne von irrsinnig coolen Menschen umgeben zu sein.

Einer der Stammgäste des Caffe Dante leierte eine ganze Litanei von Läden herunter, die es nicht mehr gab. Es war deprimierend. Er schlug vor, wir sollten uns alle ein anderes Café suchen, in das wir künftig gehen wollten, aber die meisten Stammgäste waren zu bedrückt, um Pläne zu schmieden.

Einer, ein Akademiker, der fast jeden Nachmittag im Caffe Dante einen Cappuccino und einen koffeinfreien Kaffee mit einem Glas Wasser bestellt hatte, wagte die Vermutung, dass das Dante sich vielleicht in eine Bar mit Discobeleuchtung und glitzernden Oberflächen verwandeln würde. Ich vermute, dass dieser Mann geistig noch in den 1960ern oder 1970ern lebte. Ich glaube nicht, dass es irgendwo noch Bars mit Discobeleuchtung gibt. Aber seine Bedenken konnte ich teilen. Würde sich unser heiß geliebtes Caffe Dante etwa so zur Unkenntlichkeit verwandeln, dass es eher einem Club ähnelte, wo Go-go-Girls in Käfigen unter blitzendem Stroboskoplicht tanzten?

Als die Gerüchte irgendwann immer haarsträubender wurden, sagte Mario junior, einer der Inhaber des Cafés, das Café würde bald für Renovierungsarbeiten geschlossen. Das also war nun bestätigt. Mario junior sagte, in einigen Wochen würden sie das Café wieder eröffnen.

In einigen Wochen wollten sie das Café wieder eröffnen? Jeder, der jemals etwas renoviert hat, was größer ist als ein Stuhl, weiß, dass Renovierungsarbeiten nie nur einige Wochen in Anspruch nehmen. Die meisten Renovierungsarbeiten dauern in New York wesentlich länger als anderswo. Die Straßen ersticken im Verkehr. Man kann nirgends parken. Die Eingänge sind zu eng für größere Baumaschinen oder Schutt. Und gerade in Downtown New York sind die Treppenhäuser viel zu eng.

Ein verzweifelter Freund, der seine Wohnung in Tribeca renovieren wollte, erklärte mir, dass man in den Vororten sein Haus relativ schnell renovieren lassen kann. Die Baufirma belädt zwei große Laster mit allem, was sie braucht, und kann sie so lange stehen lassen, wie sie will.

In Manhattan gibt es so viele Regeln, die bestimmen, wie und wann man sein Auto parken darf und wie lange man einen Parkplatz benutzen darf, oder besser gesagt, wie kurz man einen Parkplatz benutzen darf, wenn man das Glück hat, einen zu finden.

In den letzten Wochen vor der Renovierung war das Caffe Dante voll bis zum Bersten. Die Neuigkeiten hatten sich schnell herumgesprochen. Leute kamen von überall her, um ihren letzten Kaffee zu trinken, ihre letzten Cannoli zu essen, ihr letztes hausgemachtes Gelato. Viele machten Fotos. Fotos von den Fotos von Dantes Geburtsstadt Florenz an den Wänden. Fotos von den zwei sepiagetönten Wandbildern der Stadt Florenz im 19. Jahrhundert. Es war es so voll, dass die Stammgäste Schwierigkeiten hatten, einen Sitzplatz zu finden. Trotz der vielen Leute herrschte eine Atmosphäre wie bei einem Leichenbegängnis, als wären die Leute gekommen, um einem Toten die letzte Ehre zu erweisen. Ich hatte das Café jeden Tag besucht, und nun trauerte ich. Was sollte ich tun, wenn Dante für alle Zeiten zumachte?

Im Caffe Dante hatte ich mich so zu Hause gefühlt. Viele der Kellnerinnen kannte ich gut. Wenn man fast jeden Tag dasselbe Café besucht, diskutiert man dort alle großen und kleinen Ereignisse des Tages. Dinge, die nicht zur Sprache kommen, wenn man Leute nur einmal im Monat oder in zwei Monaten sieht. Mehrere Kellnerinnen wussten besser Bescheid über mein Leben als meine Freunde. Und ich wusste über das Leben der Kellnerinnen Bescheid.

Und eine weitere Dimension meines Lebens im Caffe Dante ist weniger augenfällig. Das ist seine Lage. Caffe Dante liegt unmittelbar gegenüber dem früheren Wohnhaus eines Mannes, zu dem mein Mann eine sehr intensive Beziehung unterhält. Ja, den Mann, den ich liebe, teile ich mit einem anderen Mann. Es ist nicht leicht, so zu leben. Der Mann, den ich liebe, liebt einen anderen. Und zwar leidenschaftlich.

Ich bin überraschend tolerant gegenüber diesem anderen Mann. Obwohl ich eigentlich zur Eifersucht neige. Und obwohl der Mann, den ich liebe, mein Ehemann ist. Manchmal wird meine Toleranz auf die Probe gestellt. Wenn mein Mann mir erzählt, wie intelligent und sensibel dieser andere Mann ist, bemühe ich mich, nicht die Beherrschung zu verlieren. Wenn er mir erzählt, was für einen unglaublichen Verstand der andere hat und was für ein fantastischer Autor er ist, ist es um meine Toleranz nicht mehr allzu rosig bestellt. Ich werde dann ein wenig gereizt und fühle mich unterschätzt.

Der andere Mann sieht nicht einmal besonders gut aus. Aber es ist nicht leicht, in Sachen Aussehen zu konkurrieren, wenn der Rivale ein anderes Geschlecht hat. Es ist nicht leicht, mit dem Mann zu konkurrieren, der im Mittelpunkt unserer ehelichen Spannungen steht. Dieser Mann ist berühmt und erfolgreich. Es handelt sich nämlich um Bob Dylan. Mein Mann ist verrückt nach ihm.

Von unserem Lieblingstisch im Caffe Dante aus kann man Bob Dylans früheres Haus sehen. Es ist das einzige Haus der Straße mit Fenstern zu beiden Seiten der Eingangstür. Ich stelle mir gern vor, wie Bob Dylan dort mit seinen Kindern gelebt hat.

Letzte Woche begegneten wir vor dem Caffe Dante zufällig Mario junior. Wochenlang war das Café zugesperrt gewesen und hatte kein Lebenszeichen von sich gegeben. Von der Renovierung war nichts zu sehen oder zu hören. Mein Mann und ich kamen gerade aus dem La Lanterna Caffe, das sich ebenfalls an der MacDougal Street befindet. Mehrere Stammgäste des Dante waren nach seiner Schließung zum La Lanterna übergewechselt. Ich mag das La Lanterna. Es hat etwas vom alten Greenwich Village. Ein Journalist hat geschrieben, es sei der beste Ort in ganz New York, wenn Verliebte sich küssen wollen. Es wäre nett gewesen, dort hinzugehen, um uns dort zu küssen, aber wir gingen hin, um uns mit Ada zu unterhalten, einer ehemaligen Kellnerin des Caffe Dante, die inzwischen im La Lanterna arbeitete. Ada haben wir geküsst.

Mario junior wollte gerade gehen, als wir ihn trafen. Er schloss die Tür des Cafés auf und ließ uns hinein. Sie hatten tatsächlich renoviert. Die zwei Bereiche des Cafés sahen viel größer aus als früher. Alles war frisch gestrichen. Neue Sitzbänke säumten drei Wände. Der wuchtige, laute alte Kühlschrank war verschwunden. Sie hatten viele Möbel umgestellt. Doch trotz des herumliegenden Werkzeugs und des Staubs sah es ganz so aus, als würde das Caffe Dante auch nach der Renovierung das Caffe Dante sein.

Zu Fuß unterwegs

New York ist eine Stadt der Fußgänger. Man kann stundenlang zu Fuß gehen. Die Straßenzüge gleiten an einem vorüber. Es gibt so viel zu sehen, so viel zu bestaunen. Ich gehe viel zu Fuß. Vor allem, wenn ich gerade an keinem Buch arbeite.

Ich habe lange gebraucht, um meinen letzten Roman, *Lola Bensky,* zu schreiben. Ich will damit nicht sagen, dass ich lange gebraucht hätte, um mich hinzusetzen und das Buch tatsächlich niederzuschreiben. Ich will damit sagen, dass ich lange gebraucht habe, mich dazu zu überwinden, das Buch zu schreiben.

Ich hatte mir wie immer eine Menge Notizen gemacht. Diese Notizen sammelte ich in Aktenmappen aus Karton. Zehn Mappen. Um jede Mappe kam ein Gummiband. Dann kam ein dickeres Gummiband um alle zehn Mappen. Ich nahm eine alte braune Reisetasche, legte den ganzen Packen hinein und zog den Reißverschluss der Tasche sorgfältig zu. Die verschlossene Tasche kam in eine Schublade eines Aktenschranks aus Metall, und die Schublade schloss ich fest. Ich vergewisserte mich, dass sie wirklich zu war.

Dann lebte ich mein normales Leben. Ich ging spazieren, ich kochte. Ich machte mir Notizen für einen neuen Roman. Hin und wieder kam ich an der fest geschlossenen Schublade des Aktenschranks vorbei, warf einen Blick darauf und ging weiter. Ich brachte es nicht über mich, sie zu öffnen. So vergingen ein Jahr, zwei Jahre, drei Jahre. Einmal öffnete ich mit klopfendem Herzen die Schublade, um mich zu vergewissern, dass alle Mappen noch gut verschlossen in der Reisetasche lagen. So war es. Ich schloss die Schublade wieder.

Nach dreieinhalb Jahren begriff ich, dass ich mich der Arbeit an dem Buch entweder stellen oder das Vorhaben endgültig aufgeben musste. Ich nahm die braune Tasche aus der Schublade des Aktenschranks und gab mir drei Monate Zeit, um mit dem Schreiben zu beginnen oder aber mir darüber klar zu werden, dass ich dieses Buch nie schreiben würde.

Ich packte meine ganzen Notizen aus. Ich legte mein Schreibgerät zurecht. Zur Linken meine Stifte, Bleistifte, Radiergummis, Bleistiftanspitzer, Post-its und Büroklammern. Zur Rechten fünf, sechs Notizbücher in verschiedenen Größen. Sobald ich das alles hergerichtet hatte, fühlte ich mich ruhiger.

Ich begann zu schreiben. Sobald ich begonnen hatte, konnte ich nicht mehr aufhören. Elf Monate lang arbeitete ich sieben Tage pro Woche den ganzen Tag. Ich ging fast nie nach draußen. Ich war überzeugt, dass das fehlende Sonnenlicht einen Vitamin-D-Mangel auslösen musste.

Ich weiß bis heute nicht, warum ich so lange gebraucht habe, mich dazu zu überwinden, dieses Buch zu schreiben. Manchmal erhält man keine Klarheit darüber, wovor man sich fürchtet. Selbst wenn man wie ich viel Zeit und Geld auf Sitzungen beim Analytiker verwendet hat.

Ich hatte vergessen, wie sehr mir das Gefühl fehlte, in einem Roman aufzugehen. So tief in eine andere Welt einzutauchen, dass diese Welt zur Wirklichkeit wird. Dass der Alltag mit seinen unvermeidlichen Ärgernissen und Plagen kaum mehr zu existieren scheint. Die ganze Zeit, die ich an *Lola Bensky* arbeitete, lebte ich im Jahr 1967. Dass wir das Jahr 2011 schrieben, fiel kaum ins Gewicht.

Ich hatte vergessen, wie überraschend Erinnerungen und Gefühle, die seit Jahrzehnten verschüttet gewesen waren, mit größter Klarheit wiederkehren können, wenn man lange genug ruhig abwartet.

Und ich hatte vergessen, wie glücklich mich das Schreiben

macht. Als meine Kinder mich sahen, sagten sie, wie viel glücklicher ich wirkte.

Ab und zu ging ich aus dem Haus. Meistens um meinen Vater zu besuchen. Leute, die ich kannte, sagten mir, wie gut ich aussah. Stundenlang dazusitzen kann offenbar der Gesundheit zuträglich sein, schloss ich daraus. Und ebenso, eine Menge Kohl zu essen. Als ich *Lola Bensky* schrieb, war ich ganz verrückt nach Kohl, was vermutlich keine besonders verbreitete Marotte ist. Jeden Abend wollte ich nichts anderes essen als Kohl. Das war mir seit 1998, als ich *Zu viele Männer* schrieb, nicht mehr passiert. Und damals war es nachvollziehbarer gewesen. Schließlich spielt *Zu viele Männer* in Polen, und Kohl spielt in der polnischen Küche eine große Rolle.

Mein Vater, der damals sechsundneunzig war, wirkte ebenfalls sehr erleichtert, dass ich wieder schrieb. In den dreieinhalb Jahren, in denen die Notizen in der Schublade des Aktenschranks lagerten, hatte er mich öfter als nötig gefragt, ob ich glaubte, ich hätte »den Kniff nicht mehr drauf«. Diese Frage ärgerte mich aus verschiedenen Gründen. Zum einen kann man die Fähigkeit, ein Buch zu schreiben, nicht als »Kniff« bezeichnen, und zum anderen befürchtete ich tatsächlich, ich hätte den Kniff nicht mehr drauf.

Sobald ich zu schreiben begonnen hatte, löcherte mein Vater mich mit Fragen über »den Kniff«. Aus seiner ursprünglichen Frage: »Denkst du, du hast den Kniff noch drauf?«, wurde: »Denkst du, du hast den Kniff noch so gut drauf wie früher?« Ich sagte, ich würde es ihn wissen lassen, sobald ich fertig wäre.

Ich war so glücklich, in meinem Arbeitszimmer zu sitzen und Wörter zu bewegen. Sie anzuordnen und umzustellen, bis sie genau das sagten, was sie sagen sollten. Über irgendwelche Kniffe machte ich mir keine Gedanken.

Während ich *Lola Bensky* schrieb, ging ich überhaupt nicht

spazieren. Als ich fertig war, konnte ich es kaum erwarten, das Haus zu verlassen. Ich ging stundenlang. Wörter und Sätze beschäftigten meinen Kopf nicht länger. Man kann in New York spazieren gehen und sich von den Worten anderer Leute inspirieren lassen. Hollywood mag seinen Walk of Fame haben, aber hier in New York haben wir den Library Walk.

Der Library Walk liegt auf der 41st Street zwischen Madison Avenue und Fifth Avenue. In den Gehsteig sind Bronzeplaketten mit Zitaten einiger der großartigsten Schriftsteller der Welt eingelassen. Insgesamt sind es Zitate von fünfundvierzig Autoren, elf Frauen und vierunddreißig Männern, aus elf Ländern und zwei Jahrhunderten. Eine meiner Lieblingsplaketten enthält einige wunderschöne Zeilen aus »In My Craft or Sullen Art« von Dylan Thomas.

Ich bin gern auf den Straßen von New York unterwegs. New York ist eine Stadt des Theaters auf der Straße. New York ist eine Stadt des Theaters. Des Theaters unseres Alltagslebens. Das Theater des Alltagslebens ist oft faszinierender als das echte Theater. Eines Morgens ging ich in SoHo spazieren. Auf den Straßen war noch nicht viel los. Es herrschte Stille. Man konnte das leise Geräusch des Regens hören. An der Ecke von Prince Street und Wooster Street führten ein Mann und eine Frau ein sehr angestrengtes Gespräch. Sie waren beide Anfang bis Mitte sechzig und sehr schön – wenn auch eigenwillig – gekleidet. Der Mann sah sehr gut aus. Auf eine Weise, die selbst jungen Frauen den Kopf verdreht.

An der Art, wie sie dort standen, konnte man ablesen, dass sie sich gut kannten. Aber sie stritten. Ihr Streit hatte etwas beinahe Vornehmes, Förmliches. Keine erhobenen Stimmen, keine Aufgeregtheit, und doch war nicht zu verkennen, dass es um etwas sehr Ernstes ging.

Er redete mehr als sie. Er sah aus, als bäte er um Verzeihung. Er legte ihr die Hand auf den Kopf und versuchte sie zu küssen, doch sie wich seinem Kuss aus. Er sah aus, als bäte er sie sehr eindringlich. Und sie gab nicht nach. Er hatte ein sehr einnehmendes Lächeln. Ich fragte mich, wie sie es fertigbrachte, seinem Bitten zu widerstehen. Er hatte sich offenbar etwas Gravierendes zuschulden kommen lassen.

Ich war so gebannt von dem Geschehen, dass ich stehen blieb. Ich stand in einem Hauseingang. Man sieht nicht oft Leute um die sechzig in einer derart emotionalen, leidenschaftlichen Situation. Diese Art von Leidenschaft ist für gewöhnlich jungen Leuten vorbehalten, jedenfalls in der Öffentlichkeit.

Nun sah der Mann aus, als flehte er sie inständig an. Sie schüttelte sehr entschieden den Kopf. Beide waren inzwischen regennass. Plötzlich fiel der Mann auf die Knie. Er hob die gefalteten Hände und lächelte zu ihr hoch.

Mir war klar, dass er um Vergebung bat. Sie schüttelte wieder den Kopf und ging davon. Er blieb noch etwa eine Minute lang im Regen knien, bevor er aufstand und ihr nachlief. Ich wäre ihnen am liebsten gefolgt. Sie sahen so sehr aus, als wären sie füreinander geschaffen. Ich hätte sie gern gefragt, was so unverzeihlich war. Aber ich hatte keinen Regenschirm dabei und war schon ziemlich durchnässt.

In den folgenden Monaten hielt ich bei jedem Spaziergang Ausschau nach diesem Paar. Einmal war mir, als sähe ich die Frau. Ich telefonierte gerade mit einer Freundin. Ich bemühe mich, beim Gehen nicht zu telefonieren. Ich bin ohnehin nicht sehr geübt darin, zwei Dinge gleichzeitig zu tun. »Meine Vagina verkümmert«, hatte meine Freundin gesagt. Ich hatte gelacht, weil ich das für einen Scherz hielt. Damals war ich noch naiv genug zu denken, kein Körperteil könne verkümmern und dieser schon gar nicht. Ich hatte das Gespräch schnell beendet.

Später schämte ich mich, nicht mehr Anteilnahme an ihrer Vagina bekundet zu haben. Die meisten von uns sprechen nicht genug über ihre Vagina. Ich hatte das Gespräch beendet, weil ich der Frau folgen wollte, die ich gesehen zu haben glaubte. Aber sie war es gar nicht. Es war jemand anders. Ich ging weiter.

Ich gehe oft zu Fuß, um geistige Klarheit zu erlangen. Das Gehen hilft mir, meine Gedanken zu ordnen. Ich gehe auch zu Fuß, um mich zu beruhigen. Ich bin kein von Natur aus ruhiger Zeitgenosse. Das ist eine Untertreibung.

In der Nacht, in der meine ältere Tochter bei der Geburt ihres ersten Kindes mit langen und schmerzhaften Wehen im Krankenhaus lag, wanderte ich um den Block herum, schneller und schneller. Stundenlang. Ich versuchte eine Mischung aus Übererregtheit und Besorgnis durch Gehen zu bezwingen. Es gab keinen Grund zur Besorgnis außer den üblichen mit einer Geburt verbundenen Risiken. Aber normale Besorgnis war noch nie meine Stärke. Jede Besorgnis wächst sich bei mir zu blankem Terror aus.

In jener Nacht konnte ich gehen, so viel ich wollte; es beruhigte mich nicht.

Ein Fahrrad in der Stadt

Mitten in einer umfangreichen Behandlung an drei Zähnen sagte mein Zahnarzt, er wünschte, er hätte sich für den Gerüstbau entschieden.

In der Regel wundere ich mich über nichts, was mein Zahnarzt sagt. Er ist ein eigenwilliger Mensch mit vielen Interessen. Zum Beispiel ist er ein Fachmann in Sachen Meteorologie. Man kann ihn alles über das Wetter irgendwo auf der Welt fragen, und er kennt die Antwort. Und weil er früher bei der Navy war, kann er sich ausführlich über U-Boote auslassen. Eine seiner Töchter ist Designerin für Handtaschen und hat für Marc Jacobs gearbeitet. Folglich weiß mein Zahnarzt über Handtaschen ziemlich gut Bescheid.

Seine Praxis befindet sich gegenüber der New York University in Greenwich Village. Er deutete auf eines der Gebäude auf der anderen Straßenseite. Selbst aus meiner beinahe horizontalen Position im Behandlungsstuhl konnte ich sehen, dass es von oben bis unten eingerüstet war. »Dieses Gebäude ist seit fast einem Jahr eingerüstet«, sagte er. »Die zahlen seit Monaten für das Gerüst, und erst jetzt wurde mit den Bauarbeiten angefangen.«

Zu jenem Zeitpunkt lebten wir seit mehr als zwanzig Jahren in New York, und in dieser Zeit hatte ich nicht viele Gedanken auf das Thema Gerüstbau verschwendet. Ich konnte sowieso nichts zum Gespräch beitragen, weil mein Mund mit Watte zugestopft war. Mein Zahnarzt erging sich offenbar in Tagträumen von einem eigenen Gerüstbauimperium, während er meine Zähne füllte und mir ein Schmerzmittel injizierte.

Am nächsten Tag brachte mein Cousin Adam das Gespräch

auf das Thema Gerüstbau. Adam ist der Enkel von Regina, der Cousine meines Vaters. Wie mein Vater hat auch Regina Auschwitz überlebt. Ich bin mir nicht sicher, dass Adam als Enkel der Cousine meines Vaters tatsächlich mein Cousin ist, aber verwandt sind wir jedenfalls.

Adam wohnt nicht weit weg von uns in Downtown Manhattan. In seiner Geschichte ging es nicht in erster Linie um den Gerüstbau. Es ging um ein Fahrrad. Er ist ein begeisterter Radfahrer. Er fährt überall mit dem Fahrrad hin. In New York City Fahrrad zu fahren, erfordert ein Ausmaß an Kenntnissen, das für einen Doktortitel ausreichen würde, so viel weiß ich.

Als mein Cousin nach New York zog, kaufte er ein billiges Fahrrad, das aber gut aussah. Es wurde innerhalb von Tagen gestohlen. Dann kaufte er ein billiges gebrauchtes Rad, dem man sein Vorleben ansah. Dieses Rad besaß er fast einen Monat lang, bis es gestohlen wurde.

Ein Nachbar erklärte meinem Cousin, dass teure Fahrräder gestohlen würden, um weiterverkauft zu werden, während billige Fahrräder in der Regel gestohlen würden, weil man sie benutzen wollte. »Kaufen Sie ein Mädchenrad«, sagte er. »Ein Typ, der etwas auf sich hält, wäre lieber tot, als auf einem Mädchenrad erwischt zu werden.« Aber jemand anders sagte ihm dann, die Lösung wäre ein sehr hohes Rad. Zu hoch für die meisten Leute.

In New York erhält man eine Menge nützlicher Informationen von anderen Leuten. Von Leuten in der Subway, im Bus, auf der Straße, im Deli, im Wartezimmer. Manche Städte sind leicht zu entschlüsseln. Man findet leicht heraus, wie die Dinge funktionieren. Aber in New York lohnt es sich immer, auf andere New Yorker zu hören.

Adam kaufte ein gebrauchtes, billiges und sehr hohes Fahrrad. Mein Cousin ist 1,85 Meter groß, und wer kleiner ist als er, kann dieses Fahrrad gar nicht besteigen. Und das war die

Lösung. Adam war sehr glücklich. Das Fahrrad hatte die richtige Höhe für ihn. Er kettete das Rad jeden Abend vor dem Haus an, in dem er wohnt. Und jeden Morgen war es noch da.

Es wurde Sommer, und Adam fuhr mit seinem Fahrrad zur Arbeit. Er arbeitet in Midtown. Gegen Ende des Sommers fiel ihm auf, dass das Plaza Hotel in der Nähe seines Büros renoviert wurde. Die Fassade des Hotels war eingerüstet. Offenbar sind Baugerüste ideale Orte für das Anketten von Fahrrädern. Wenn man sein Fahrrad an ein Baugerüst ankettet, ist es vor Wetterunbill und vorbeifahrenden Autos geschützt. Mein Cousin gewöhnte sich an, sein Fahrrad an das Baugerüst vor dem Plaza Hotel anzuketten.

Alles ging gut, bis mein Cousin eines Abends aus der Arbeit kam und sein Fahrrad holen wollte. Es war nicht mehr da, genau wie der drei Meter hohe Teil des Baugerüsts, an den er es angekettet hatte. Im Gerüst an der Fassade des berühmten Plaza gähnte eine Lücke.

Niemand im Hotel konnte sagen, was mit dem Gerüst passiert war. Und es interessierte auch niemanden. Ich erwog, meinem Zahnarzt von dem verschwundenen Baugerüst zu erzählen. Irgendwann nannte jemand im Plaza meinem Cousin den Namen der Gerüstbaufirma, die nicht in New York ansässig war. Mein Cousin rief in der Firma an. Auch dort fühlte sich niemand bemüßigt, das Fahrrad ausfindig zu machen. Erst recht nicht, als sie erfuhren, dass es sich um ein abgenutztes, gebrauchtes und sehr hohes Fahrrad handelte.

Adam rief noch mehrere Male bei der Gerüstbaufirma an. Ohne Ergebnis. Er muss sehr verzweifelt geklungen haben, denn zwei Tage später rief jemand von der Firma zurück. Sie hatten sein Fahrrad ausfindig gemacht und schlugen vor, er solle es abholen kommen. Als er sagte, er habe kein Auto, beflügelte das ihre Anteilnahme hörbar. Dass er in der Finanzbranche arbeitete, schien dabei keine Rolle zu spielen. Ein junger Mann mit einem alten abgenudelten Fahrrad und ohne Auto brauchte eindeutig Hilfe. »Wir sehen, was wir tun können«, sagte ein Vertreter der Firma.

Zehn Tage später erhielt mein Cousin erneut einen Anruf. »Wir haben Ihr Fahrrad, es ist auf dem Lieferwagen«, sagte ein Mann in triumphierendem Ton. Adam war außer sich vor Freude. Er lief die fünf Häuserblocks von seinem Büro zu der Stelle, wo der Lieferwagen parkte. Und da war sein Fahrrad. Immer noch an das drei Meter hohe Gerüst angekettet. Mein Cousin kettete sein Rad von dem Gerüst ab, die Fahrer schoben das Gerüst auf den Lieferwagen zurück, sie schüttelten sich die Hand, und alle waren glücklich und zufrieden. Mein Cousin kettete das Fahrrad wieder vor seinem Haus an, und alles war gut.

Bis zu dem Morgen, an dem Adam hinunterging, um sein Rad aufzuschließen, und es nicht mehr da war. Das beunruhigte ihn nicht weiter. Schließlich hatte er dieses Fahrrad vier Jahre lang besessen. Mit einer so langen Zeit hätte er nie gerechnet. Adam bog um die Ecke, um sich einen Kaffee zu holen, bevor er zur Arbeit ging. Und da, im hellen Tageslicht, sah er sein Fahrrad, eineinhalb Blocks von seiner Wohnung entfernt. An der Ecke Spring Street und West Broadway war es mit einem sehr schicken neuen Schloss an einen Pfosten angekettet.

Adam war ratlos. Er fragte sich, wie jemand ein Fahrrad stehlen und es so nahe am Ort des Diebstahls abstellen konnte. Er rief seine Freundin an. Sie schärfte ihm ein, nichts Unüberlegtes zu tun, zum Beispiel den Dieb zur Rede zu stellen. Er rief mich an. Nachdem ich zu lachen aufgehört hatte – das Leben dieses Fahrrads wurde allmählich aufregender und dramatischer als jede spanische Fernsehsoap –, riet ich ihm ebenfalls, auf keinen Fall den Dieb zur Rede zu stellen.

Adam lungerte etwa zwanzig Minuten lang in der Nähe seines Fahrrads herum, bis er beschloss, das nächstgelegene Polizeirevier anzurufen. Er dachte, dort könnte man ihm weiterhelfen. Nach einigen Minuten kamen zwei Polizisten. Mein Cousin war verblüfft. Und beschämt. Sie fragten ihn, warum er keine Anzeige erstattet hatte. Er sagte, er wollte nicht, dass sie ihre Zeit für den Diebstahl eines gebrauchten Fahrrads verschwendeten.

Die Polizisten stellten ihm noch weitere Fragen. Es war zu erkennen, dass sie argwöhnten, das Fahrrad gehöre ihm gar nicht. Er holte sein iPhone heraus und zeigte den Polizisten ein Foto von sich auf seinem Fahrrad. Dann hörten sie auf, ihn zu befragen. Die zwei Polizisten fuhren davon, um ihren Bericht zu schreiben.

Adam stand noch immer auf der Straße, ratlos, wie es weitergehen würde, als ein schwarzer Wagen ohne Nummernschilder vorfuhr, aus dem ein elegant gekleideter Mann stieg. Es war der Leiter des Polizeireviers. »Leute, die Fahrräder stehlen, gehen mir langsam auf die Nerven«, sagte er. »Das hat sich zu einem massiven Problem ausgewachsen. Aber diesmal knacken wir die Sache.«

Mein Cousin dachte zuerst, der Leiter des Polizeireviers wollte das Fahrradschloss aufbrechen lassen, was er ein bisschen übertrieben fand. Dieser erklärte ihm aber, dass sie nicht das Rad, sondern den Fall knacken würden, und zwar indem sie den Tatort überwachen würden, genauer: das Fahrrad.

Adam war nicht mehr ratlos. Er war aufgeregt und voller Elan. Er rief mich an und sagte, er verlasse jetzt den Tatort. Er war schon spät dran, hatte aber seinem Vorgesetzten mehrere SMS geschickt, in denen er ihm erklärte, dass er der Polizei geholfen hatte, sein gestohlenes Fahrrad zu überwachen.

Gegen drei Uhr nachmittags wurde mein Cousin im Büro von einem anderen Polizisten angerufen. Dieser Polizist teilte meinem Cousin mit, sie hätten Beamte in Zivil eingesetzt, die den ganzen Tag das Fahrrad observiert hätten. Der Dieb hatte sich nicht blicken lassen. Die Beamten würden jetzt abgezogen, sagte der Polizist. Sie hätten Wichtigeres zu tun.

Von nun an klingt die Geschichte unglaubwürdig. Zumindest sofern man nicht mit New York vertraut ist, einer Stadt, in der sogar die unglaubwürdigsten Geschehnisse völlig plausibel erscheinen. Nach der Arbeit ging mein Cousin zurück zur Ecke Spring Street und West Broadway. Das Fahrrad war immer noch da. Ein Mann, der eineinhalb Blocks weiter ein Café betreibt, kam vorbei. Mein Cousin erzählte ihm die Geschichte. Der Mann schlug meinem Cousin vor, ein zweites Schloss an dem Fahrrad anzubringen. Dann könnte der Dieb es nicht wegbewegen.

Mein Cousin war beeindruckt. Er hielt das für eine großartige Idee. Der Cafébesitzer hatte zufällig ein zweites Fahrradschloss bei sich. Sie schlossen das Rad damit ab. Jetzt war das Rad zweifach gesichert. Mein Cousin beobachtete sein Rad.

Ein Passant fragte Adam, ob das Rad ihm gehöre. Er nickte. Der Mann überlegte kurz. »Rufen Sie einen Schlosser an«, sagte er, »und dann kommt jemand, der das Schloss aufbricht.« Adam zögerte kurz. Dann rief er einen Schlosser an, den er im Internet gefunden hatte. Eine Stunde später fuhr ein putziger Smart vor. Ein clever aussehender Mann um die dreißig stieg aus und fragte meinen Cousin, worum es ging. »Ich muss dieses Schloss entfernen lassen«, sagte Adam. »Das macht sechzig Dollar«, sagte der Schlosser. Mein Cousin erklärte ihm, dass er den Schlüssel zu dem zweiten Schloss bei sich habe, dem Schloss des Cafébesitzers.

Der Schlosser stellte keine Fragen. Er öffnete den Kofferraum seines Wagens, in dem sich reihenweise säuberlich aufgeräumte Fächer und Schubladen voller Werkzeug zum Aufbrechen von Schlössern befanden. Er holte einen Schweißbrenner heraus und schickte meinen Cousin ein Stück weg. Zehn

Minuten später war das Schloss offen. Mein Cousin war überglücklich, wieder mit seinem Fahrrad vereint zu sein. Er zahlte dem Schlosser die sechzig Dollar.

Ich bin mir nicht sicher, ob man in Jacksonville in Florida oder in Oklahoma City oder in Louisville in Kentucky oder in irgend einer anderen amerikanischen Stadt in der Lage wäre, mehrere Polizisten, uniformiert und in Zivil, den Leiter eines Polizeireviers, einen Cafébesitzer, einen Passanten und einen Schlosser zu finden, die bereit wären, sich mit dem Diebstahl eines Fahrrads abzugeben. Aber in New York hat eine derartige Anteilnahme an einem Fahrraddiebstahl irgendwie nichts Verblüffendes.

Ein Jahr später wohnt das Fahrrad meines Cousins noch immer vor seinem Haus. Und steht jeden Morgen an seinem Platz.

Lilitschka

Galina, meine russische Pediküre, kümmert sich seit Jahren um meine Zehennägel. Sie küsst mich zur Begrüßung immer auf beide Wangen und nennt mich Lilitschka, und ich liebe diesen Namen.

Als ich Galina das letzte Mal besuchte, hatte ich mich kaum hingesetzt, um meine Füße einzuweichen, als sie verkündete, ihr Ehemann habe acht Pfund abgenommen. Dies verkündete Galina mit dem gleichen Maß an Ernst und Feierlichkeit, mit dem der BBC-Nachrichtensprecher neulich verkündet hatte, Präsident Putin könnte in der Ukraine einmarschieren. Und ich reagierte darauf wie auf eine wichtige Weltnachricht.

Ich schäme mich, es zuzugeben, aber es gibt nichts an irgendeiner Diät, was ich nicht bemerkenswert fände. Wenn Leute abgenommen haben oder mir erzählen, dass sie eine Diät machen, will ich immer alle Einzelheiten wissen.

So geht es mir auch, wenn Leute sterben, die das neunzigste Lebensjahr noch nicht erreicht hatten. Dann verspüre ich das dringende Bedürfnis, die Todesursache in Erfahrung zu bringen. Als wäre das Wissen um die Einzelheiten der Diäten anderer Leute oder um die Details der Leiden oder Unglücksfälle, die die Verstorbenen dahingerafft haben, für mein eigenes Überleben unverzichtbar.

Mir ist aufgefallen, dass viele Leute von diesen beiden Themen – Tod und Diäten – fasziniert sind. Viele Leute lesen Todesanzeigen. In Amerika steht in diesen Anzeigen fast immer die Todesursache. Und nach meiner Erfahrung sind die weltgewandten New Yorker von allem fasziniert, was mit Diäten zu tun hat, egal, wie viel oder wie wenig sie wiegen.

Diäten beschäftigen mich, seit ich ein rundlicher Teenager war. Im Verlauf von Jahrzehnten habe ich in Tagebüchern und Notizbüchern eine lange Spur von Kalorienberechnungen hinterlassen. Berechnungen, mit denen man, hätte man sie auf ein anderes Thema verwendet, vielleicht den Krebs besiegt oder das Internet erfunden hätte.

Und ich habe mich und andere gefährdet. Vor Jahren habe ich mehr als einmal im Hotel Feueralarm ausgelöst, weil ich versuchte, ein kalorienarmes Gericht aus Kohl, Zucchini und Radieschen in Tomatensaft aufzuwärmen, das ich vorgekocht und in meinem Gepäck mitgebracht hatte.

Dann gab es die Jahre, in denen ich nicht ohne mein Lieblingsfrühstück verreisen konnte, ganz gewöhnliche amerikanische Getreideflocken namens All Bran. Ich habe Schachteln von All Bran über die ganze Welt mitgeschleppt. Im Gepäck war nicht genug Platz für die Kleidung meines Mannes.

Mein Mann hat noch nie Kalorien gezählt. Er isst alles. Beim Lunch im Savoy in Berlin habe ich einmal ein Foto von seinem Platz gemacht. Auf seinem Teller lagen zwei riesige Schnitzel. Sie lagen auf einem Bett von Bratkartoffeln. Zu meinem Entsetzen und unverholenem Neid behält mein Mann seine Figur, egal, was er isst.

An meinem Platz stand eine Tasse koffeinfreien Kaffees, mit Wasser verdünnt. Es sah erbärmlich aus. Ich aß nichts, weil ich wegen einer Lesung am Nachmittag nervös war. Hätte ich etwas gegessen, wäre es gegrillter Fisch mit Salat ohne Dressing gewesen.

»Und wie hat Ihr Ehemann acht Pfund abgenommen?«, fragte ich Galina.

»Mit einer Diät«, sagte sie. »Ich und mein Mann machen dieselbe Diät. Wir essen keine Milchprodukte, keinen geschälten Reis, keine Kartoffeln und keinen Zucker.«

»Was essen Sie zum Frühstück?«, fragte ich.

»Harfr«, sagte sie.

»Harfr?«, sagte ich.

»Ja, Harfr«, erwiderte Galina.

»Oh, Hafer«, sagte ich.

»Ja«, sagte sie. »Aber mit Ihrem australischen Akzent sprechen Sie es komisch aus.«

»Entschuldigung«, sagte ich.

»Mein Mann macht das Frühstück. Er kocht die Kascha jeden Morgen«, sagte Galina.

Kascha kocht man mit Buchweizen, nicht mit Hafer. Aber ich hielt den Mund. Es würde Galinas Leben nicht bereichern, wenn sie den Unterschied zwischen Hafer und Buchweizen erführe. Und vielleicht hat die russische Sprache ein und dasselbe Wort für die beiden Getreidearten.

»Wir essen die Kascha mit ein bisschen Zucker, sonst würde sie nicht schmecken«, sagte Galina zu mir.

Zucker? Eben hatte sie mir erklärt, dass Zucker bei ihrer Diät tabu sei. Diese Verletzung der Regeln ihrer Diät schien Galina keine Probleme zu bereiten. Mir bereitete es Probleme, dass der Zucker auf der Kascha mir Probleme bereitete.

»Diese Diät funktioniert«, sagte Galina. »Mein Mann hat acht Pfund abgenommen. Das kann jeder sehen. Und ich habe Wasser verloren und werde auch bald abnehmen.« Ich ignorierte die medizinische Unwahrscheinlichkeit dieser Behauptung. Ich beneide Galina um ihre Zuversicht. Sie ist auf eine Weise zuversichtlich, wie ich es nie sein werde. Ich glaube, ihre Zuversicht wirkt auf viele ihrer Kunden beruhigend. Sie zieht nervöse Menschen an, Akademiker und Anwälte.

Eine andere Kundin, die ihre frisch lackierten Fingernägel hatte trocknen lassen, mischte sich in unser Gespräch ein. »Mein Hund muss unbedingt abnehmen«, sagte sie. Ihr Hund schlief zu ihren Füßen.

»Mehr als die Hälfte aller Hunde in Amerika sind übergewichtig«, sagte ich. »Inzwischen gibt es Fitnesskurse für Hunde, Hundetrainer, Laufbänder für Hunde, Sportschwimmbecken für Hunde, Hunde-Spas und Hunde-Spa-Urlaube.« Die Frau wirkte verblüfft. Sie starrte mich an. Ich beschloss, ihren starren Blick nicht als Zeichen von Desinteresse zu deuten. »Das College für Veterinärmedizin der Universität von Tennessee betreibt ein Camp für übergewichtige Hunde. Die Hunde können als Interne oder Externe daran teilnehmen«, sagte ich. »Man hat festgestellt, dass die Hunde, die als Interne dabei sind, besser abnehmen.«

»Lilitschka ist Schriftstellerin«, sagte Galina stolz. »Sie weiß sehr viel.«

»Das habe ich gestern in der *New York Times* gelesen«, sagte ich. »In dem Artikel wurde auch der Leiter einer Ranch zitiert, auf der übergewichtige Hunde abnehmen sollen, und er empfahl den Hundebesitzern, ihre Hunde mit Karotten, Brokkoli oder grünen Bohnen zu belohnen statt mit Eiscreme.«

»Hast du das gehört, Franklin?«, sagte die Frau zu ihrem Hund. Natürlich hatte Franklin nicht hingehört, dachte ich mir. Franklin schlief noch immer selig. Selbst in wachem Zustand hätte Franklin nicht den Eindruck gemacht, Englisch zu verstehen oder über einen großen Wortschatz zu verfügen.

Es war nicht zu übersehen, dass meine Worte die Frau verärgert hatten. Ich schämte mich. Ich war froh, dass ich mir das Zitat aus der *New York Times* verkniffen hatte, in dem von faulen Hundebesitzern die Rede war, die Nahrung mit Zuneigung verwechseln. Ich fand, das wäre ein wenig unfreundlich gewesen.

Ich beschloss, das Thema zu wechseln.

»Essen Sie überhaupt keine Milchprodukte?«, fragte ich Galina.

»Keine«, sagte sie.

46

»Ich esse Milchprodukte«, sagte ich. »Ich esse fast jeden Tag Hüttenkäse.«

»Nein, nein, nein!«, rief Galina. »Hüttenkäse ist schrecklich. Ich habe jeden Tag zwei Esslöffel Hüttenkäse gegessen. Deshalb bin ich so dick geworden.«

Galina ist dick, seit ich sie kenne. Ich kann mir nicht vorstellen, dass zwei Esslöffel Hüttenkäse täglich daran schuld sein sollten.

»Welchen Fettgehalt hatte Ihr Hüttenkäse?«, fragte ich sie.

»Ein Prozent«, sagte sie.

»Das ist auch der Fettgehalt meines Hüttenkäses«, sagte ich. »Ich esse Hüttenkäse mit einem Prozent Fettgehalt und fettfreien Joghurt.«

»Nein, nein, Joghurt dürfen Sie auch nicht essen. Das ist nicht gesund«, sagte Galina streng. Diese Aussage widersprach den meisten ernährungswissenschaftlichen Erkenntnissen, aber Galina war unerbittlich.

»Aber das ist meine wichtigste Proteinquelle«, sagte ich in etwas wehleidigem Ton und kam mir dabei ziemlich dämlich vor.

»Dann essen Sie den Joghurt nicht morgens, sondern später am Tag«, sagte Galina.

Ich war sehr erleichtert. »Ich esse Joghurt zum Frühstück, aber ich frühstücke nie früh am Morgen«, sagte ich zu Galina.

»Nein!«, rief sie. »Keinen Joghurt auf leeren Magen. Essen Sie vorher etwas Harfr.«

Die wissenschaftliche Basis all dieser Ratschläge war noch immer nicht sonderlich solide, aber sie machten mich trotzdem nervös.

Galina wechselte das Thema und erkundigte sich nach einer Frau, mit der ich Schwierigkeiten gehabt hatte. Ich sagte, ich hätte seit längerer Zeit nicht von ihr gehört. »Gut«, sagte Galina. »Sie ist ein Stück Scheiße.«

Ich lächelte. Ich liebe Galina. Sie ist immer auf meiner Seite. Und sie sagt rundheraus, was sie denkt. Der Gedanke an Hüttenkäse und Joghurt beschwerte mich nicht mehr.

Franklin und sein Frauchen verließen den Salon. Franklin ging oder lief nicht. Er watschelte. »Dieser Hund ist entschieden zu dick«, sagte Galina.

»Ich hoffe, er frisst keinen Joghurt und keinen Hüttenkäse«, sagte ich.

Kichererbsencurry

In New York kochen die wenigsten Leute regelmäßig. Besser gesagt, die wenigsten der Leute in New York, die ich kenne, kochen regelmäßig. Das liegt unter anderem daran, dass die Küchen in den Wohnungen hier sehr klein sind.

Die Küchen in den neuen sündhaft teuren Wohnungen sind groß und komfortabel, aber in den meisten Fällen sind sie offenbar eher ein Statussymbol denn ein Ort, wo man Zwiebeln oder Möhren zerteilt. Als Statussymbol werden diese Küchen vermutlich weniger benutzt und sind weniger nützlich als ein Privatflugzeug oder ein Chauffeur.

Küchen sind längst mehr als nur Küchen. Ich habe über Küchen gehört, sie verbänden Kreativität mit Funktionalität und Ergonomie und selbstverständlich möglichst geringer Umweltbelastung. Das muss für jede Küche eine schwere Hypothek sein.

Eine Küchenfirma erklärt, allein die Türen ihrer Küchen, womit jede einzelne Schranktür in der Küche gemeint ist, seien absolut wasser-, dampf- und hitzeresistent. Solche Eigenschaften klingen nach Erfordernissen für einen Flug zum Mond, nicht nach einer normalen Küche.

Diese hochwertigen Küchen mit ihren Oberflächen aus Karbon, Aluminium, Edelstahl oder mehrlagigem Laminat heißen mitunter auch »Lebensräume, die Vergnügen ohne Ende bieten«. Wann wurden Küchen zu Lebensräumen? Vergnügen ohne Ende versprachen früher Fernsehgeräte oder Schlafzimmer.

New Yorker sind nicht gerade darauf angewiesen, selbst zu kochen. Man kann sich jederzeit gutes Essen liefern lassen, warm und verzehrfertig. Es gibt mehr als hundert Firmen, die in meiner Nachbarschaft Mahlzeiten liefern, teure wie billige. In den meisten Stadtteilen ist die Auswahl ähnlich groß. Man kann amerikanisches, mexikanisches, japanisches, kubanisches, indisches, thailändisches, türkisches, koreanisches, vietnamesisches, vegetarisches, französisches, jüdisches oder koscheres Essen bestellen. Koscheres Essen habe ich noch nie bestellt, obwohl ich mit der Vorstellung liebäugele, dass koscheres Essen mich zu einer besseren Jüdin machen könnte.

Wenn ich Schweinefleisch äße, könnte ich ein Sandwich mit langsam geschmortem Berkshire-Schwein oder ein Heritage-Sandwich mit geräuchertem Schinken bestellen. Ich könnte mir einen Salat aus pochierten Birnen mit Rucola, Blauschimmelkäse, sonnengetrockneten Cranberrys und Walnüssen bestellen oder ein koscheres Brötchen mit einer Süßkartoffel tempura. Wenn ich Pasta nicht meiden würde, könnte ich Cannelloni mit Kalbfleisch à la Piemontese bestellen oder Oaxacan-Krabben-Quesadillas mit geräucherten Wildpilzen und ofengetrockneten Tomaten, oder mit schwarzen Oliven gratinierten Thunfisch oder gegrillten Oktopus oder ein gebratenes Biohuhn. Ich könnte eine Pizza bestellen, einen Hamburger, Knödel, Tacos, Chicken Wings, Empanadas oder Krebspasteten.

Sie sehen also, warum es nicht schwer ist, in New York nicht zu kochen.

Ich koche leidenschaftlich gern. Ich habe immer gerne gekocht. Kochen beruhigt mich. Ich koche oft, wenn ich nicht schreibe. Bevor ich meinen letzten Roman begann, beschloss ich, ein Kichererbsencurry zu kochen. Ich habe lange gebraucht, um mich mit Online-Shopping anzufreunden, aber im Lauf der Zeit habe ich eine gewisse Kennerschaft erworben. Es dauerte keine zwei Minuten, bis ich die richtigen Kichererbsen ausfindig gemacht hatte. Die Kichererbsen der Marke Palouse hatten die besten Bewertungen.

Die Kichererbsen kamen in handgenähten Jutesäcken zu je fünf Pfund, natürlich von Hand befüllt. Diese Säcke wirkten erfreulich ländlich. Und die Kichererbsen hatten eine »nachvollziehbare Identität«. Das fand ich unwiderstehlich. Es bedeutete, dass auf jeden Sack ein Barcode aufgedruckt war, den man mit dem Smartphone scannen konnte, um das Feld zu lokalisieren, auf dem die Kichererbsen gewachsen waren.

Das war wirklich ein Plus. Ich hatte noch nie ein Kichererbsenfeld gesehen. Der Barcode sollte einem auch verraten, zu welchem Zeitpunkt die Kichererbsen geerntet worden waren, was gleichbedeutend damit ist, das Geburtsdatum jeder einzelnen Kichererbse zu kennen und zu wissen, wo sie gewaschen worden war.

Online konnte man auch nachsehen, in welcher Umgebung die Kichererbsen gewachsen waren. Karten zu entziffern ist nicht mein größtes Talent, aber diese Kichererbsen schienen in einer gemischten Nachbarschaft gewachsen zu sein. Grüne Schälerbsen und braune Tellerlinsen wuchsen nebenan.

Alles in allem sind das ziemlich viele vertrauliche Informationen über eine Kichererbse. Das Bedürfnis, die Herkunft unserer Lebensmittel zu kennen, setzt sich immer stärker durch. Mittlerweile wissen wir wahrscheinlich mehr über unsere Nahrung als über einander.

Ich bestellte zwei Sack Kichererbsen zu je fünf Pfund. Aufgeregt erwartete ich die Begegnung mit meinen Kichererbsen. Per E-Mail teilte man mir mit, dass die Kichererbsen in zwei Tagen eintreffen würden. Ich ging die übrigen Zutaten für das Kichererbsencurry besorgen, obwohl ich mir ein bisschen unmenschlich vorkam bei der Aussicht, diese sorgsam aufgezogenen Hülsenfrüchte zu kochen.

Ich ging nach Chinatown, um Zwiebeln, Knoblauch, Ingwer und Tomaten zu kaufen. Ich kaufe gern dort ein. Die meisten Einkäufe in Chinatown erledige ich an der Grand Street zwischen der Bowery und Allen Street und etwas weiter am East Broadway. Auf den Straßen ist alles so intensiv und so lebendig. Touristen sieht man dort fast keine.

Ich kaufte meine indischen Gewürze bei Dual an der First Avenue im East Village. Das ist mein Lieblingsladen für Gewürze in New York. Ich kaufte Kreuzkümmel, Koriander, Kardamom, Kurkuma, Bockshornklee, Chilischoten und Zimt. Ich kam mir sehr gut vorbereitet vor.

Die Kichererbsen wurden geliefert. Sie sahen wunderschön aus. Jede Einzelne war cremefarben und von vollendeter Form. Und sie waren groß. Sie sahen bekömmlich und gesund aus. Ich begann das Curry vorzubereiten. Beim Kochen will ich genauso gut vorbereitet sein wie beim Schreiben. Ich reihte alle Gewürze auf der Arbeitsfläche auf und weichte die Kichererbsen in den zwei großen Töpfen ein, in denen ich sie kochen wollte. Ich war glücklich.

Über Nacht änderte sich alles grundlegend. Die rohen Kichererbsen hatten einen harmlosen Eindruck gemacht, aber nun waren sie gequollen. Ich stand da mit zwei riesengroßen Kochtöpfen voller Kichererbsen. Wären es noch mehr Kichererbsen gewesen, hätten die Töpfe sie nicht mehr fassen können. Ich war entmutigt.

Hätte ich mich nicht so sehr in die Geschichte und die Stammbäume der Kichererbsen versenkt und mich nicht so gründlich über ihre Badegewohnheiten informiert, dann hätte ich ein paar praktische Hinweise zur Kenntnis nehmen können, die man überall nachlesen kann. Dann hätte ich gewusst, dass Kichererbsen nach dem Einweichen zum Zweieinhalbfachen ihrer ursprünglichen Größe anschwellen. Ich hatte schon einmal Kichererbsen gekocht, aber das war lange her. Ich hatte einfach vergessen, was passiert, wenn man sie einweicht.

Meine zehn Pfund jungfräulicher getrockneter Kichererbsen hatten nun etwas Bedrohliches angenommen und wirkten, als wollten sie die ganze Küche überschwemmen. Die beiden Töpfe sahen aus, als wögen sie jeder fünfzig Pfund. Ich machte mich auf den Weg nach Chinatown, um mehr Zwiebeln, Knoblauch, Ingwer und Tomaten zu kaufen.

»Haben du Restaurant?«, fragte mich die Frau, die mir die zusätzliche Menge an Zwiebeln, Knoblauch, Ingwer und Tomaten verkaufte.

»Nein«, sagte ich.

»Nein?«, sagte sie.

»Nein«, sagte ich.

»Nein?«

»Nein.«

Dieses Gespräch führte eindeutig zu nichts. Ich verabschiedete mich mit gekünstelter Heiterkeit und ging nach Hause. Ich fühlte mich ermattet. Und kam mir dumm vor. Welcher Mensch, der bei Trost ist, würde zehn Pfund getrocknete Kichererbsen kaufen?

Ich kochte das Kichererbsencurry in zwei riesengroßen Kasserollen. Kasserollen, wie sie in Restaurants benutzt werden, wo man für Hunderte von Gästen kocht. Ich möchte nicht näher darauf eingehen, warum ich Kasserollen dieser Größe besitze.

Beide Kasserollen waren bis zum Rand gefüllt. Ich musste das Curry bei kleiner Hitze kochen, damit es gleichmäßig warm wurde, und musste ununterbrochen rühren. Das Ganze entwickelte sich in eine wesentlich weniger erfreuliche Richtung, als ich erwartet hatte.

Gegen Ende des Tages rührte ich immer noch etwas, was sich inzwischen wie tausend Pfund Kichererbsencurry anfühlte. Und ich kam mir noch dümmer vor als zuvor. Mitten unter dem Rühren erinnerte ich mich an einen Schulaufsatz, den meine jüngste Tochter geschrieben hatte, als wir vor fünfundzwanzig Jahren nach New York gezogen waren. Damals war sie dreizehn. Die erste Zeile lautete: »Meine Mutter hat noch nie in normalen Portionen gekocht.« Später ging es in dem Aufsatz weiter um dieses Thema. »Meine Mutter findet, es sei normal, zwei riesengroße Tiefkühlschränke zu haben, und sie denkt, sie bräuchte einen dritten.« Sie listete die Probleme und Kümmernisse auf, die es mit sich bringt, eine Mutter zu haben, die Unmengen Obst und Gemüse einmacht und ihre Kinder zum Schnippeln verdonnert, während andere Kinder draußen spielen. Ich weiß, dass ich lachte, als ich diesen Aufsatz zum ersten Mal las. Diesmal konnte ich nicht lachen.

Ich dachte an den scheinbar endlosen Tag vor fünfzehn Jahren, als ich zweihundertvierzig Fleischklopse formte. Es ist erstaunlich anstrengend, zweihundertvierzig Fleischklopse an einem Tag zu formen. Man benötigt dafür ziemlich viel Arbeitsfläche. Bis zum Mittag hatte ich jede waagerechte Oberfläche in meiner Wohnung mit Frischhaltefolie und rohen Fleischklopsen bedeckt.

Warum machte ich zweihundertvierzig Fleischklopse? Mein Mann hatte bei einem Fleischgroßhändler im Meatpacking District ein Bild gegen Fleisch getauscht. Für eine große Arbeit auf Papier bekamen wir eine erschreckende Menge Kalbfleisch und Rindfleisch, die mein Mann auf den Schultern nach Hause trug. Es sah aus, als brächte er drei Viertel eines erlegten Wilds nach Hause. Das Fleisch musste ich irgendwie verarbeiten. Fleischklopse also.

Gegen acht Uhr abends am Tag des Kichererbsen-Marathons war das Kichererbsencurry fertig. Ich füllte dreiundsechzig Plastikbehälter mit Kichererbsencurry. Zum Glück hatte ich meine zwei Tiefkühlschränke, einen davon in der Wäschekammer.

Ein gutes Jahr später habe ich immer noch etwa sechsunddreißig Behälter mit Kichererbsencurry in der Kühltruhe. Ich glaube, es ist keine Übertreibung zu behaupten, dass nicht all-

zu viele New Yorker sechsunddreißig Behälter mit Kichererbsencurry in ihrem Tiefkühlschrank haben. Vielleicht sind sogar noch ein paar Fleischklopse da.

Yakub

Yakub repariert Schuhe im Hinterhaus einer unscheinbaren Reinigung in der Sullivan Street, und er kann wirklich jede Art von Schuhen reparieren. Wieder und wieder. Schuhe, deren Yakub sich annimmt, haben noch ein langes aktives Leben vor sich, wenn man selbst für immer gegangen sein wird. Ich übertreibe nicht. Fragen Sie seine Kunden. Sie verwenden Begriffe wie »unglaublich« oder »genial« und im Nachsatz »günstig« oder »billig«.

Yakub arbeitet in einem winzigen Kabuff, in dem die Luft vom Geruch von Schuhen, Leim, Schleif- und Poliermaschinen geschwängert ist. Er stammt aus Usbekistan, ist gelernter Schuhmacher und hatte seine eigene Firma für maßgefertigte Schuhe und Stiefel.

Jahrelang sagte Yakub, wenn ich seinen Laden betrat: »Wie geht es Ihrem Mann?« Wenn ich erwiderte, es gehe ihm gut, nickte Yakub mir zu. Dieses Nicken war die Aufforderung, ihm zu zeigen, was für Schuhe ich mitgebracht hatte.

Yakub macht nicht viele Worte. Er ist beinahe schroff. Schuhe sind für ihn eine ernste Angelegenheit. Und er arbeitet ununterbrochen. Während ich zu erklären versuche, was das Problem mit meinen Schuhen oder Stiefeln ist, löst Yakub am Schuh eines anderen Kunden eine Sohle ab oder hämmert einen Absatz zurecht.

Yakub lächelt nie. Er hat nicht einmal die Andeutung eines Lächelns gezeigt, als ich einmal sagte, sein Sohn sei ein sehr schöner junger Mann. Die einzigen Male, die ich ihn lächeln sah, waren die Male, bei denen mein Mann mitkam. Nach einigen Jahren bezeichnete Yakub meinen Mann nicht mehr als meinen Mann. Er bezeichnete ihn auf einmal als seinen Bruder. »Wie geht es meinem Bruder?«, fragte er mich von da an.

Viele Leute mögen meinen Mann. Er verbreitet Wärme und gute Laune. Das spürt jeder. Mir passt das manchmal nicht. Ich finde, mein Mann sollte mit seiner Wärme und guten Laune weniger großzügig sein. Ich sehe meistens nicht sehr gut gelaunt aus, wenn ich mit Leuten zu tun habe, die ich nicht gut kenne. Und ich umarme niemanden, der mir weitgehend unbekannt ist. Aber mein Mann und ich sind seit langem zusammen, und ich habe mich mit seinem übertrieben sonnigen Gemüt abgefunden.

Yakub hat mich nie als seine Schwester bezeichnet. Seine erste Reaktion auf jedes Reparaturbegehren meinerseits ist ein Achselzucken, gefolgt von einem entschiedenen Kopfschütteln und der Auskunft, er könne nicht versprechen, dass das zu machen sei. Diese Reaktion ist unwandelbar die Gleiche, egal, ob ich meine Schuhe geweitet, gefärbt, mit neuen Absätzen versehen oder besohlt haben möchte. Und dann stößt er einen langen und sehr lauten Seufzer aus.

Vor einigen Wochen brachte ich ein Paar Schuhe zu ihm, die ich geweitet haben wollte. Er schüttelte den Kopf und blickte grimmig drein. Als stünde ein neuer Tatareneinfall oder die Wiederkehr Iwans des Schrecklichen bevor. »Diese Schuhe kann ich nicht weiten«, sagte er. Ich gab zu bedenken, dass er ein identisches Paar Schuhe erst vor einem Monat geweitet hatte. Die Schuhe stammen von einer englischen Firma namens Fly London. Diese Firma ist auf bequeme und trotzdem schicke Schuhe spezialisiert. Ich gehe viel zu Fuß. New York ist eine Fußgängerstadt. Jeder geht zu Fuß. Ich gehe regelmäßig dreißig Häuserblocks am Stück. Sobald ich erkannt hatte, wie bequem die Fly-London-Schuhe waren, kaufte ich ein zweites Paar.

»Das andere Paar Schuhe war genau wie dieses«, sagte ich zu

Yakub. »Jeder Schuh ist anders«, sagte er. »Wenn ich dieses Paar nicht weiten kann, bringen Sie es zurück und besorgen Sie sich ein anderes Paar.« Er machte einen Test. Die Schuhe bestanden den Test. Dann fragte ich ihn, ob er den weißen Sohlenrand der Schuhe schwarz färben könne. Er untersuchte die Schuhe abermals. »Rufen Sie mich Freitagvormittag an und erinnern Sie mich an das Färben«, sagte er. »Zwei Stunden nach dem Anruf können Sie die Schuhe abholen.«

Ich nahm an, dass die Schuhe dann auch geweitet wären, dachte mir aber, ich solle mich lieber vergewissern. »Werden sie dann geweitet und gefärbt sein?«, fragte ich. Yakub verdrehte die Augen und sah mich an, als wäre ich eine Vollidiotin. »Ja, ja, ja«, sagte er.

Solche Unterhaltungen hatte ich schon früher mit Yakub geführt. Einmal hatte ich wegen eines Paars Stiefel einen Streit mit ihm, wie man ihn mit Mutter, Vater oder Tante hat – wenn man denn eine Tante hat. Ich habe dicke Waden, ein Thema, über das ich nicht gern schreibe und mich nicht gern auslasse. Ich fragte Yakub, ob er in den Schaft meiner Stiefel ein Stück Wildleder einsetzen könne. Er seufzte mehrmals tief und behauptete, das eingefügte Wildleder werde das Leder der Stiefel zerreißen. Ich hielt dagegen, es sei den Versuch wert, da es so schwierig für mich sei, passende Stiefel zu finden. Yakub fügte das Wildleder ein. Ich trug die Stiefel jahrelang. Sie sind nicht gerissen.

Ich habe noch nie erlebt, dass Yakub irgendeinen anderen Kunden so behandelt hätte. Er hat eine bunt gemischte Kundschaft, darunter eine Menge Models mit irrsinnig hohen Stilettos. Leute kommen aus anderen Stadtteilen, um ihre Schuhe von Yakub reparieren zu lassen. Yakub ist kurz angebunden, aber höflich. Er verdreht bei ihnen nicht die Augen und schüttelt nicht den Kopf.

Immer wenn ich Yakubs Laden verließ, hatte ich Schuldgefühle. Als hätte ich sein Leben um Jahre verkürzt oder zu seinem ergrauenden Haar beigetragen. Bis ich eines Tages begriff, dass Yakub mich zwar nicht seine Schwester nennt, mich aber auf sehr familiäre Weise behandelt. Wie eine Verwandte.

New York ist vielleicht nicht unbedingt eine Stadt, in der man in unmittelbarer Nähe seiner Eltern oder Kinder, Tanten, Onkeln oder Cousins lebt, aber es ist zweifellos eine Stadt, in der man sich als Teil einer Familie fühlen kann. Eine Stadt, in der die halb gereizte und irritierende Vertraulichkeit mit dem Schuhmacher einem das Gefühl vermittelt, zu einer Familie zu gehören.

Hellseher

In New York gibt es verblüffend viele Hellseher. In jedem Block scheint es einen zu geben. Ich finde es sonderbar, dass in einer Stadt voller so ehrgeiziger, zielstrebiger, entscheidungsfreudiger und konzentrierter Leute Hellseher so großen Zuspruch finden.

New Yorker sind von einer Selbstsicherheit, wie man sie bei den Bewohnern anderer Städte nur selten antrifft. New Yorker wissen in der Regel, was sie erreichen wollen, wohin ihr Weg sie führt und wie sie ihn meistern wollen. Warum sollten sie die nebulösen Ratschläge eines Hellsehers benötigen? Vielleicht liegt es daran, dass man in dieser unbarmherzig kompetitiven Stadt ab und zu das Bedürfnis haben kann, alle Hilfe in Anspruch zu nehmen, die man nur kriegen kann.

Es gibt Hellseher in New York, die mehrere tausend Dollar für ein Einführungsgespräch verlangen, und es gibt welche, die einem für zwanzig Dollar aus der Hand lesen oder ein Horoskop erstellen.

Ich habe mich vor Hellsehern immer gefürchtet. Warum, weiß ich nicht. Ich glaube eigentlich an nichts Übernatürliches. Warum habe ich dann Angst? Ich glaube, mir gefällt die Vorstellung des Ungewissen nicht und noch weniger die, dass jemand Zugang zu diesem Bereich haben könnte.

Jahrelang wollte ich einen Roman schreiben, in dem jemand nach einer verlorenen Seele sucht. Nach jemandem, der aller Wahrscheinlichkeit nach nicht mehr lebt. Um diese Figur zu entwerfen, hätte ich einige Recherchen anstellen müssen. Zu diesen Recherchen hätte der Besuch bei einem Hellseher gehört. Und das konnte ich einfach nicht über mich bringen.

Eines Morgens erwachte ich mit dem Gefühl, dass ich es nun endlich über mich bringen könnte. Dass ich im Rahmen meiner Recherchen einen Hellseher aufsuchen könnte. In Gehweite meiner Wohnung konnte ich unter dreißig Hellsehern auswählen.

Ich entschloss mich für Zena. Ich war oft an Zenas Räumlichkeiten vorbeigekommen, einem Laden an der Ecke von Seventh Avenue und Bleecker Street im West Village. Manchmal hatte ich verstohlen hineingespäht. Die Einrichtung mit ihren Hängelampen wirkte plüschig, kitschig und überladen. Diese Üppigkeit sollte wahrscheinlich exotische Orte im Nahen Osten oder in Nordafrika heraufbeschwören und geheimnisvoll und rätselhaft wirken.

Ein Schild im Fenster klärte darüber auf, dass es sich bei Zena um ein »weltberühmtes Medium« handle, »besonders erfahren in der Kunst, die Tarotkarten zu lesen. Sie hat mehr als fünfundzwanzig Jahre Berufserfahrung und hat in aller Welt praktiziert. Zena wurde als persönliche Beraterin von Tausenden von Menschen aus allen Branchen konsultiert, darunter Schauspieler, Politiker, erfolgreiche Geschäftsfrauen und leitende Konzernmanager.

Heute nutzt Zena für ihre medialen Fähigkeiten alle Techniken, die schon den Propheten der Antike vertraut waren. Mit dem Einsatz von Laserstrahlung hat sie zudem ihr Handwerk um eine neue, aufregende und genauere Methode des Handlesens verfeinert. Jede Sitzung dauert zwischen einer Viertelstunde und einer halben Stunde, kann sich aber auch auf mehrere Sitzungen erstrecken.«

Dem folgte eine Preisliste. Vierzig Dollar für das Legen der Tarotkarten, zwanzig Dollar für Handlesen, fünfundzwanzig Dollar für einmal Laserlesen, sechzig Dollar für Hellsehen und hundert Dollar für Horoskopdeutung. »Anmeldung nicht erforderlich«, stand auf dem Plakat. »Geöffnet täglich von elf

Uhr vormittags bis zwei Uhr nachts. Finden Sie heraus, was die Sterne für Sie bereithalten. Treten Sie ein.« Auf einem kleineren Schild stand: »Geöffnet von neun Uhr morgens bis Mitternacht.«

Ich atmete tief ein, drückte die Klingel und wartete. Nichts geschah. Ich sah auf meine Uhr. Es war elf Uhr fünfunddreißig vormittags. Je nachdem, an welchem Schild man sich orientierte, praktizierte Zena zwischen neun Uhr vormittags und Mitternacht oder zwischen elf Uhr vormittags und zwei Uhr nachts. Und egal, an welchem Schild man sich orientierte, ich war nicht außerhalb der Geschäftszeiten gekommen.

Ich versuchte, mich nicht von den widersprüchlichen Angaben zu Zenas Geschäftszeiten verwirren zu lassen. Ich war bereits ziemlich nervös. Ich hatte mich sorgfältig vorbereitet. Ich hatte meinen Ehering abgenommen und ein verhältnismäßig harmlos wirkendes Kleid angezogen. Meine Haare waren ordentlicher frisiert als sonst. Ich sah mein Spiegelbild im Schaufenster; ich sah verstört aus. Ich nahm an, dass das gar nicht schlecht war. Ich dachte mir, dass die meisten von Zenas Kunden nicht mit strahlender Miene anrückten.

Ich klingelte wieder. Und wieder. Schließlich kam eine afrikanisch aussehende Frau an die Tür, in einem langen, weiten Gewand, geschmückt mit einer Unzahl vielfarbiger Halsbänder und Ringe und mit einem kunstvoll drapierten Turban auf dem Kopf.

Sie öffnete nicht. Ich lächelte sie an. Sie funkelte mich an. Sie wirkte sehr verärgert. Ich bekam ein schlechtes Gewissen. Hatte ich zu oft geklingelt? Sie gestikulierte. Ihre Gesten bedeuteten mir eindeutig, ich solle verschwinden. Ich war verwirrt und rührte mich nicht von der Stelle. Die Frau geriet in Rage und machte fortwährend Gesten, als wolle sie Schnaken oder Fliegen vertreiben.

Ich kam mir allmählich ziemlich unzulänglich vor. Als hätte ich eine Aufnahmeprüfung verpatzt. Was hatte ich falsch gemacht? Wirkte ich, als wäre es mir nicht ernst? Ich war ratlos. Ich trat auf den Gehsteig zurück und blieb stehen. Vor dem Laden standen lauter Blumentöpfe mit violetten Blumen. Die Blumen hatten etwas Unbeschwertes, das irgendwie fehl am Platz wirkte.

Ich kenne mich mit Blumen nicht besonders gut aus. Ich fragte eine Passantin, die so aussah, als wohne sie in der Nähe, ob sie den Namen dieser Blumen wisse. »Das sind Petunien«, sagte sie. »Ich bin mir ziemlich sicher, dass es die Sorte Lavender Madness ist«, fügte sie hinzu.

New York kann einen immer wieder überraschen. Man stellt einem Fremden eine Frage und erhält eine äußerst sachkundige und interessante Antwort. Lavender-Madness-Petunien? Warum sollte eine Hellseherin ihre Ladenfront mit Lavender-Madness-Petunien schmücken? Steckte eine Botschaft dahinter? Vermutlich nicht, dachte ich mir. Vielleicht kannte Zena sich wie ich einfach nicht gut mit Blumen aus. Enttäuscht ging ich nach Hause zurück.

Am Nachmittag versuchte ich es bei Simone, der nächsten Hellseherin auf meiner Liste. Simone arbeitet in einem der Fenster einer Ladenfront in der Houston Street. Jeder Passant kann sie mit ihren Kunden sehen. Ich hatte beobachtet, wie ihre Kunden, oftmals Männer, wie hypnotisiert an ihren Lippen hingen. Simone ist jung, Anfang dreißig, und sieht gut aus. Im Sommer trägt sie manchmal ziemlich kurze Röcke.

Auf ihrer Visitenkarte hatte Simone als Schwerpunkte »spirituelle Deutung und Beratung, indianisches Heilen, Horoskope, Tarot« angegeben. Auf der Rückseite der Karte stand: »Diese Frau kann Ihnen durch Beten helfen. Sie hat Menschen geholfen, die dachten, es gäbe keine Hilfe. Ihre Kunden kommen aus aller Welt. Warum nicht auch Sie?«

Ja, warum nicht auch ich? Ich fühlte mich etwas weniger

nervös als am Vormittag, als ich bei Zena geklingelt hatte. Simone ließ mich zwischen Chiromantie beider Handflächen und Tarotkartenlegen für vierzig Dollar wählen. Ich entschied mich für die Tarotkarten.

»Sie werden lange leben«, war eine ihrer ersten Feststellungen. Das schien ein guter Anfang zu sein. »Sie sind gutherzig und helfen immer anderen«, fuhr sie fort. Das entwickelte sich wirklich gut. Simone hielt inne, eine Karte in der Hand. »Sie haben selbst mediale Fähigkeiten«, sagte sie. Warum sollte ein Medium einer Kundin sagen, sie sei selbst ein Medium? Widersprach das nicht einem ganz zentralen Geschäftsprinzip?

Mediale Fähigkeiten wurden mir schon früher attestiert. Ich nehme an, es liegt an dem kummervollen Ausdruck, den meine Gesichtszüge so leicht annehmen. Schon auf Fotos, auf denen ich höchstens drei oder vier Jahre alt bin, habe ich diesen kummervollen Ausdruck.

Ted Hughes, der englische Dichter und Poeta laureatus, verfügte über profunde Kenntnisse der Astrologie. Er war von meinen medialen Fähigkeiten felsenfest überzeugt. Er sagte es jedes Mal, wenn er mich sah. Ich habe selbst genug versponnene Interessen, um Ted seinen unerschütterlichen Glauben an das Paranormale nicht zu verübeln.

Ich schwieg. Ich hatte mir vorgenommen, so wenig wie möglich zu sagen. Simone bewegte die Karten weiter. Dann sagte sie, die linke Seite meiner Aura sei tadellos, aber die rechte Seite meiner Aura sei irgendwie blockiert, und ich bräuchte Hilfe.

Es war das zweite Mal im selben Jahr, dass jemand meine Aura kommentierte. Einige Monate zuvor hatte ich, ebenfalls zu Recherchezwecken, einen Schamanen in einem mexikanischen Bergdorf aufgesucht. Der Schamane, der in einem ganz gewöhnlichen Vororthaus wohnte, zuckte zusammen, als er mich sah. Es ist anstrengend genug, einen Schamanen aufzusuchen, der nicht zusammenzuckt, wenn er einen erblickt.

Er sagte, meine Aura verrate ihm, dass es in meinem Leben eine grauenhafte Tragödie gegeben habe. Die mexikanische Freundin, die mich begleitete und sich eigentlich auf die Rolle des Dolmetschers beschränken sollte, nickte begeistert. Dann sagte der Schamane, mein Geist stecke in dieser Tragödie fest.

Er legte mir eine Binde um die Augen und führte mich in die Mitte seiner Garage. Er erklärte mir, er werde einen Feuerkreis um mich herum entzünden. Das beruhigte meine Nerven nicht unbedingt. Dann wedelte er mit einem Federbusch; ich spürte die Federn an meinem Gesicht und roch Qualm und Weihrauch. Nach einer gefühlten Ewigkeit sagte er, der neue Geist, den er zu meiner Hilfe herbeizubeschwören versuche, fühle sich nicht willkommen genug. Er sagte das in einem Ton, der mir klarmachte, dass es meine Aufgabe sei, mehr Willkommen auszustrahlen.

Ich hatte genug Schwierigkeiten damit, blind mitten im Rauch zu stehen, und fühlte mich außerstande, genug Herzlichkeit aufzubieten, um einen neuen Geist willkommen zu heißen. »Er hat gewusst, dass deine Eltern den Holocaust erlebt haben«, sagte meine mexikanische Freundin aufgeregt, als wir gingen.

Ich machte mir die ganze restliche Woche Sorgen darüber, dass mein Geist in einem Todeslager feststeckte.

»Sie schlafen nicht gut, nicht wahr?«, sagte Simone.

»Richtig«, sagte ich.

Sie sagte, sie werde meine Chakras stimulieren. Chakras, erklärte sie mir, seien Lebenskräfte, Energiezentren. Sie sagte, sie werde mir ein Öl mitgeben, mit dem ich die Stirn, die Herzgegend und die Gegend unterhalb der Beckenknochen betupfen müsse, um die Chakras des Geistes, des Herzens und der Sexualität zu stimulieren.

Für einen Augenblick vergaß ich, dass ich an diese Dinge nicht glaube, und freute mich an der Vorstellung, mein Sexchakra zu stimulieren. »Meine Haut ist sehr empfindlich«, sagte ich. »Was ist, wenn ich auf das Öl allergisch reagiere?«

»Dann beschränken Sie sich auf das Herzchakra«, sagte sie. Ich bemühte mich, mir meine Enttäuschung nicht anmerken zu lassen.

Simone verwandte ziemlich viel Zeit auf die Ergründung meines Liebeslebens. Und meine Schwierigkeiten bei der Partnersuche. Und sie mutmaßte, dass ich von einem früheren Ehemann misshandelt oder missbraucht worden war. Mein Liebesleben ist einer der wenigen Bereiche meines Lebens, die mir keine Probleme bereiten. Ich mag ängstlich sein und mir zu viele Sorgen machen und mir vielleicht zu viele Gedanken über meine Ernährung machen, aber ich liebe den Mann, der mich seit fünfunddreißig Jahren liebt.

Simone erklärte mir, sie habe soeben meine Aura geöffnet, die durch meine Enttäuschung in der Liebe beschädigt sei. Sie sagte, sie werde ein wenig in meiner Vergangenheit forschen und dann in die Kirche gehen und beten. Sie sagte, sie könne mir am nächsten Tag definitiv mehr Aufschluss geben. Und all das für nur zweihundertneunzig Dollar.

Zweihundertneunzig Dollar war wesentlich mehr, als ich auszugeben vorgehabt hatte. Aber zu meiner Überraschung fand ich mich bereit, zur Bank zu gehen, um Geld abzuheben, weil Simones Kreditkartenlesegerät nicht funktionierte. Abends tupfte ich das Öl auf die Stellen meiner Herz-, Geist- und Sexchakras. Viel tat sich nicht. Abgesehen davon, dass es am nächsten Tag in New York wie aus Eimern goss. So viel Regen auf einmal hatte New York seit langem nicht erlebt.

Ich war im Caffe Dante, als Simone mich anrief. Ich war im *bathroom*. Auf der Toilette, um genau zu sein. Ich weiß nicht, warum die Amerikaner ihre Toiletten Badezimmer nennen, obwohl man in den meisten öffentlichen Toiletten gar kein Bad nehmen kann. Am Telefon klang Simone ziemlich gewöhnlich. Sogar ein bisschen ungeschickt. Keine Spur mehr von ihrem faszinierenden Redeschwall über Liebesleben und frühere Leben.

Ich fragte mich, ob sie wissen konnte, dass ich mich in einem *bathroom* befand. Auf der Toilette. Und dass das kein geeigneter Ort war, um einen Anruf entgegenzunehmen. Sie rief wegen des Regens an. Sie wollte wissen, ob ich unseren Termin einhalten würde. Für einen kurzen Moment wunderte ich mich, wie es kam, dass sie nicht wusste, dass ich mich auf den Weg machen würde, sobald ich die Toilette verließ.

Als ich Platz genommen hatte, erklärte mir Simone, ich sei schrecklich in einen verheirateten Mann verliebt. Diese Liebesgeschichte habe im sechzehnten Jahrhundert ihren Anfang genommen und sich gegen Ende des achtzehnten Jahrhunderts fortgesetzt. Sie sagte, der Mann sei nicht bereit, seine Frau zu verlassen, und das habe meine Aura beschädigt.

Sie sagte, sie habe von Mitternacht bis fünf Uhr morgens in der Kirche für mich meditiert. Ich musterte sie eingehend. Über Nacht war sie braun geworden. Ich fragte mich, ob sie in der Kirche unter einer Höhensonne meditierte. Ich beschloss zu vermuten, dass sie Selbstbräuner benutzte.

»Ich glaube, dieser Mann ist inzwischen bereit, Sie zu heiraten«, sagte sie. »Ich glaube, er liebt Sie, obwohl er vielleicht ein bisschen emotionaler sein könnte.« Ein bisschen emotionaler? Mein Mann ist sehr emotional. Ein bisschen emotionaler, und wir würden beide den ganzen Tag weinen.

Ich muss sonderbar ausgesehen haben, denn Simone änderte plötzlich ihren Kurs. »Hat er Ihnen schon einen Antrag gemacht?«, fragte sie.

Ich gab auf. Ich sagte ihr, dass ich schon verheiratet sei. Das beeindruckte sie nicht weiter.

»Ich kann Ihnen helfen, Ihre Aura zu heilen«, sagte sie. »Dafür benötige ich ein T-Shirt von Ihnen.«

»Ich trage keine T-Shirts«, sagte ich. Das stimmt. Ich bin kein T-Shirt-Typ.

»Dann bringen Sie mir eine Halskette von sich«, sagte sie.

»Ich trage keinen Schmuck«, sagte ich. Auch das stimmt. Ich bin kein Schmuck-Typ.

»Macht nichts«, sagte sie.

Simone erklärte mir, meine Aura müsse dringend geöffnet und geheilt werden. Und zu diesem Zweck müsse ich einen sechswöchigen Kurs bei ihr buchen. Sie würde Kerzen mit Einschlüssen aus echtem Gold aus Brasilien für mich anzünden. Und sie würde für mich meditieren und beten. Der sechswöchige Kurs würde viertausendzweihundert Dollar kosten. Ich erwiderte, darüber müsse ich erst nachdenken. Sie tätschelte meine Hand und sagte, ich solle mir ruhig ein paar Tage Zeit nehmen, um darüber nachzudenken.

Die ganzen romantischen Umtriebe aus dem sechzehnten und achtzehnten Jahrhundert, die Aura, die geöffnet und geheilt werden musste, und die Kerzen aus Brasilien mit echtem Gold hatten mich erschöpft. Es regnete immer noch. Ich zog meinen Regenmantel an und ging nach Hause.

Ich ärgerte mich darüber, dass ich die zweihundertneunzig Dollar gezahlt hatte. Ich war mir nicht sicher, dass Kerzen mit echt goldenen Einschlüssen oder eine jahrhundertalte unerfüllte Liebesgeschichte meiner Romanfigur bei ihrer Suche nach einer verlorenen Seele helfen konnten.

Kurze Zeit darauf las ich in der *New York Times*, Sylvia Mitchell, eine neununddreißigjährige Mutter zweier halbwüchsiger Kinder, auch bekannt als Zena, die Hellseherin, sei des schweren Diebstahls in fünfzehn Fällen angeklagt. Unter anderem warf man ihr vor, von zwei Frauen einhundertachtunddreißigtausend Dollar erschwindelt zu haben.

Plötzlich wurde mir klar, warum man mich so energisch abgewiesen hatte. Die wild gestikulierende Frau war vermutlich Zenas Assistentin und hatte gewusst, dass gegen die Hellseherin ermittelt wurde. Und obwohl es ziemlich viel Phantasie voraussetzte, hatte sie mich vielleicht für eine Undercover-Polizistin gehalten.

Einige Wochen später erklärte ein Geschworenengericht Sylvia Mitchell in zehn Fällen des schweren Diebstahls schuldig. Sie wurde zu fünf bis zehn Jahren Haft verurteilt. Es gab ein Foto von ihr nach der Urteilsverkündung. Ihre Miene war sehr finster. Es war klar, dass sie diese Entwicklung der Dinge nicht vorausgesehen hatte.

Ich beschloss, meine Recherchen in andere Richtungen zu lenken. Und ich beschloss, die verlorene Seele auf Nimmerwiedersehen aus meinem Roman zu verabschieden.

Hunde

Auf der Sixth Avenue kam ich an einem schwarzen Pudel vorbei, der einen roten Faltenrock mit Schottenmuster trug. Wer zieht einem Pudel einen roten Faltenrock mit Schottenmuster an? Oder irgendeinem anderen Hund? Hunde sind nicht dazu bestimmt, Röcke zu tragen. Röcke sitzen an Hunden nicht besonders gut, obwohl dieser große schwarze Pudel seinen Rock mit augenscheinlich mehr Schwung trug, als die meisten anderen Hunde aufgebracht hätten.

So viele Hunde in dieser Stadt tragen inzwischen Kleidung. Sie trotten oder laufen die Straßen entlang und tragen Pullover und Hüte, im Winter manchmal sogar Fäustlinge an den Pfoten und im Sommer Sonnenbrillen. Jawohl, Sonnenbrillen. Was für eine Vorstellung, dass man nicht nur überlegen muss, was man selbst anziehen will, sondern auch noch die Kleidung für den Hund aussuchen muss. Ich habe eine Nachbarin, die einen Regenmantel für ihren Hund mitnimmt, wenn Regen angesagt ist. Ich dachte immer, es würde Hunden nichts ausmachen, nass zu werden, wenn es regnet.

Bei Halloweenparties tragen Besitzer und Hunde Kostüme. Crumpet, die Französische Bulldogge meiner jüngsten Tochter, war schon als Biene, als Walross und als Schmetterling verkleidet. Ich weiß nicht, warum Crumpet nicht als Hund Halloween feiern kann.

New York ist keine Stadt, in der man einen Unbekannten einfach ansprechen kann. Es sei denn, der Unbekannte hat einen Hund. Hundebesitzer kann man fast immer ansprechen, und fast immer freuen sie sich. Manche Leute sprechen gleich den Hund an. Und in der Regel antwortet der Hundebesitzer.

Es ist eine hervorragende Möglichkeit, in einer Großstadt Freunde zu finden. Besonders auf Hundewiesen.

In New York gibt es verblüffend viele Hundewiesen. Auf einer Hundewiese lernt man New York von einer ganz neuen Seite kennen. Man sieht entspannte New Yorker, die ganz vernarrt in ihren Hund sind, und New Yorker, deren Hund sie in den Wahnsinn treibt. Ich mag die Hundewiese am Tompkins Square im East Village. An den Eingängen sind Vorschriften angeschlagen. »Bellen und Graben ist nicht erwünscht. Wenn Ihr Hund ein Loch gräbt, füllen Sie es auf.« »Achten Sie darauf, dass Ihr Hund keine anderen Hunde belästigt.« »Hundehalter haben für die Kosten aufzukommen, wenn ihr Hund einen anderen Hund verletzt. Bitte begleichen Sie alle Rechnungen des Tierarztes, bevor Sie die Hundewiese wieder besuchen.« Eine Website, die unter anderem die Hundewiese am Tompkins Square auflistet, macht darauf aufmerksam, dass viele Raufereien unter Hunden in einer Grauzone stattfinden, in der schwer auszumachen ist, welcher Hund Schuld hat.

Obwohl ich gerne die Hundewiese am Tompkins Square besuche, habe ich nicht viel für Haustiere übrig. In den Augen mancher Leute ist das gleichbedeutend damit, ein schlechter Mensch zu sein. Ich kann mich einfach nicht sonderlich für Katzen, Hunde oder Vögel erwärmen. Es sei denn, sie tun etwas Interessantes. In Downtown Manhattan konnte man oft einen Mann sehen, der mit einem Papagei auf dem Kopf herumspazierte. Ein Papagei weckt in New York kein großes Interesse, ein Papagei auf dem Kopf eines Mannes schon.

Ein anderer Mann ging in SoHo mit einer Katze auf dem Kopf spazieren. Die Katze saß in tadelloser Haltung kerzengerade auf der Baseballkappe des Mannes. Einmal habe ich ihn gefragt, ob die Katze jemals heruntergefallen sei. »Katzen fallen nicht«, sagte er. Ich weiß bis heute nicht, ob das stimmt.

»Ich kenne Sie aus SoHo«, sagte ein Mann in einem Hotelfoyer in Havanna auf Kuba zu mir. »Sie kennen mich auch«, sagte er. »Ich bin der Mann mit der Katze.« Ich wusste sofort, welche Katze er meinte. »Die Katze auf Ihrem Kopf«, sagte ich. Er wirkte erfreut. Ihn hätte ich nie wiedererkannt. Ich hatte immer nur die Katze angestarrt. Ich hätte ihn gern gefragt, ob es der Katze gutgehe und ob er den Mann mit dem Papagei kenne. Aber ich habe es nicht getan.

Flat White

In den letzten zwei Jahren wurden in New York viele australische Cafés eröffnet, und sie sind sehr erfolgreich. In New York erfolgreich zu sein, war nie leicht. Aber ein australisches Café nach dem anderen hat sich durchgesetzt, darunter Culture Espresso, Toby's Estate, Bluestone Lane, Laughing Man, Bluebird Coffee Shop, Fiend Coffee, Smooch, Flinders Lane und Little Collins.

Australische Cafés verändern offenbar die Kaffeegewohnheiten der New Yorker. Der Flat White, den man überall in Australien bekommt, ist in New York der letzte Schrei. Der Name Flat White ist nicht besonders phantasievoll. Er klingt wie die Bezeichnung für einen deprimierten Mitteleuropäer. Und dennoch hat der Flat White, ein Espresso mit flüssigem Milchschaum, New York erobert.

Amerika hat keine beeindruckende Kaffee- oder Kaffeehaustradition. Cafés waren dort immer mehr oder weniger Schnellrestaurants. Orte, wo man aß und das Essen mit einer nicht enden wollenden Tasse Filterkaffee runterspülte.

In Australien wurde die Kaffeekultur von dem großen Zustrom europäischer Einwanderer nach dem Zweiten Weltkrieg eingeführt. Australische Cafés stehen in der Tradition italienischer Espressobars, in der die Qualität des Kaffees der Stolz des Barista ist.

Little Collins, 667 Lexington Avenue, ist New Yorks erste sogenannte *Mod Bar*; die Hightech-Kaffeemaschinen befinden sich unter der Theke, und der Kaffee kommt aus einer Art Zapfhahn auf der Theke. Eine Freundin erklärte mir, dass die Mod Bar eigens so eingerichtet ist, damit man den schwitzenden Barista sehen kann und dieser »sinnliche Anblick« nicht von einer Kaffeemaschine verstellt wird.

Little Collins und Flinders Lane sind Namen von Straßen im Zentrum Melbournes. Es ist merkwürdig, wie einem Teile des eigenen Lebens unerwartet folgen können. Ich lebe seit fünfundzwanzig Jahren in New York. In Melbourne bin ich aufgewachsen.

Ich war oft in der Flinders Street und der Flinders Lane, wo mein Vater und viele andere jüdische Flüchtlinge in Fabriken arbeiteten. Als Teenager durchstreifte ich gerne die Stadt. Ich wanderte die Flinders Lane und die Little Collins Street und die Little Bourke Street auf und ab. Das war meine Flucht aus meiner Welt, einer Welt, die mit den Trümmern einer schmerzlichen Vergangenheit übersät war.

Und nun treffe ich in New York auf Echos aus meiner Jugendzeit. Ich kann an Flinders Lane und an Little Collins vorbeigehen. Hätte ich nicht eine Abneigung gegen Milch, könnte ich mir dort einen Flat White bestellen.

Ich bin in Carlton North aufgewachsen, einem Außenbezirk von Melbourne. Wir hatten viele italienische Nachbarn und fantastische Cafés. Die Cafés bildeten eine Art eigenes Universum. Ein Universum voller Männer, die rauchten und Karten oder Tischfußball spielten.

Wir wohnten 575, Nicholson Street, eine kurze Trambahnfahrt von Little Collins Street und Flinders Lane entfernt, in einem Häuschen mit drei Zimmern und einer kleinen Küche. Wir zogen dorthin, als ich fast vier Jahre alt war, und wohnten dort, bis ich vierzehn war.

Auf Lesereisen bin ich oft an der Nummer 575 Nicholson Street vorbeigekommen. Ich bin an dem Haus vorbeigegangen, manchmal auch davor stehen geblieben. Ich habe von der Gasse hinter dem Haus über den Zaun gespäht. Doch in den mehr als fünfzig Jahren, seit ich dort nicht mehr lebe, habe ich es nie über mich gebracht, zu klingeln und zu fragen, ob ich mich drinnen umsehen dürfte. Ich habe mich davor zu sehr gefürchtet. Als weilten dort noch immer Teile meiner Vergangenheit, die sich an mich heften könnten. Als könnte das Haus mich unversehens wieder zu einer furchtsamen Sechsjährigen machen. Zu einer pausbäckigen Sechsjährigen. Oder mich in einen der Albträume versetzen, die mich als Kind heimsuchten. Nacht für Nacht schwebte ich in diesen Albträumen hoch in der Luft. Hoch über allen anderen Leuten. Hoch genug, dass man mich nicht hören konnte; wie laut ich auch zu schreien versuchte, niemand konnte mich hören. Und ich hing dort oben fest, schwebend, und konnte nicht zur Erde zurückkehren. Noch als Erwachsene musste ich wegsehen, wenn im *Zauberer von Oz* der Wirbelsturm Dorothy vom Erdboden hebt und in das Land Oz davonträgt.

Vor ein paar Jahren hatte ich während einer Lesereise in Australien ein freies Wochenende in Melbourne. Ich verbrachte das Wochenende mit drei meiner besten Freundinnen. Zwei von ihnen waren von Sydney hergeflogen. Es war ein herrlicher Luxus, mit ihnen zusammen zu sein. In New York kenne ich viele Leute, aber enge Freunde habe ich dort nicht, Freunde, die man ins Herz schließt.

Am Sonntag schlug ich aus heiterem Himmel vor, wir könnten 575 Nicholson Street aufsuchen. Ich dachte, wir würden nur vorbeifahren und danach Mario de Pasquale in Marios Café an der Brunswick Street besuchen. Als ich in Melbourne lebte, war ich oft in Marios Café.

Wir fuhren die Nicholson Street entlang und hielten vor der Nummer 575. Das Haus hatte sich nicht verändert. Ich bin immer erleichtert, wenn ich sehe, dass sich dort nichts verändert hat. Dass das Haus nicht wie die meisten Häuser in der Nachbarschaft umgebaut wurde, damit es sich in die schicke Gegend einfügt, in der es sich inzwischen befindet.

Das handgemalte Schild mit der Nummer 575 sah ein bisschen heller aus. Ich nehme an, jemand hat die Beschriftung meines Vaters mit hellerem Weiß nachgezogen. Wir standen gerade vor dem Haus, als ein junger Mann herauskam. Zu meiner eigenen Überraschung eilte ich auf ihn zu und fragte ihn, ob ich mich drinnen umsehen dürfe. Ich erklärte ihm, dass ich früher dort gewohnt hatte. Er sagte, er sei nur zu Besuch, würde aber kurz nachfragen.

Ein Teil von mir hoffte, er würde zurückkommen und sagen, dass wir nicht hineindürfen. Eine meiner Freundinnen sagte, vielleicht wären sie drinnen gerade damit beschäftigt, hastig das Haschisch oder irgendwelche anderen Drogen zu verstecken, weil wir so ordentlich und gut gekleidet wirkten.

Der junge Mann kam zurück und bat uns herein. Der Hausbesitzer, erklärte er, feierte heute seinen neunzigsten Geburtstag. Ich ging hinein. Mein Herz klopfte schrecklich. Ich wandte mich nach links und befand mich in dem Raum, der früher das Schlafzimmer meiner Eltern war. Ich brach in Tränen aus.

Der neunzigjährige Mann, ein ehemaliger Briefträger, kam zu mir.

»Meine Eltern hatten eine Kommode an dieser Wand«, sagte ich zu ihm. »Meine Mutter stellte immer ihre Handtasche auf die Kommode. Ich war groß genug, um Kleingeld aus ihrer Handtasche zu stehlen.«

»Deshalb müssen Sie nicht weinen«, sagte er.

»Das tue ich nicht«, sagte ich. »Ich weine, weil mir das Zimmer immer noch wie ihr Zimmer vorkommt.«

»Was haben Sie sich mit dem Geld gekauft?«, fragte er.

»Plätzchenbruch und Stifte.«

»Der Plätzchenbruch stammte aus einer Büchse in einem Laden an der Ecke der McPherson Street, nicht wahr?«, sagte er.

»Ja«, sagte ich.

In diesem Laden an der Ecke war ich oft. Man konnte nie im Voraus wissen, welche Plätzchensorten in der Büchse sein würden. Es war ziemlich aufregend.

»Darf ich mich umsehen?«, fragte ich.

»Selbstverständlich«, sagte er. Er zeigte mir das Badezimmer. Vor neun Jahren, sagte er stolz, habe er eine Toilette installieren lassen. Als ich dort wohnte, hatten wir ein Außenklo. Man musste die Hintertür aufschließen und die Treppe hinuntergehen. Das Klo befand sich neben einem Kohlenhaufen, der nachts oft von Ratten heimgesucht wurde.

Der grüne uralte Early-Kooka-Herd meiner Mutter mit dem Bild eines Kookaburra auf der weißen Emailletür stand nicht mehr in der Küche. Diesen Herd hatte meine Mutter geliebt. Und ich auch. Ein gewöhnlich aussehender weißer Herd war an seine Stelle getreten.

»Den Herd habe ich erst vor zwei Jahren ausgetauscht«, sagte der Neunzigjährige. »Der neue kann dem alten nicht das Wasser reichen.« Ich glaubte ihm. Es war ein großartiger Herd. Ich benutzte ihn heimlich, wenn meine Eltern nicht im Haus waren. Schon damals kochte ich für mein Leben gern.

Der kleine Garten hinter dem Haus war hergerichtet worden. In dem alten Trog, in dem meine Mutter Kleidung geschrubbt und gewaschen hatte, wuchsen Blumen. Der Waschkessel war nicht mehr da. Am liebsten hätte ich meinen Vater in New York angerufen und ihm erzählt, dass der alte Waschtrog meiner Mutter voller Blumen war. Aber es war die falsche Tageszeit. Ich hätte ihn geweckt.

Ich unterhielt mich mit dem Hausbesitzer über frühere Nachbarn. Er kannte sie alle. Es war eine eigenartig tröstliche Unterhaltung.

Wir gingen wieder hinein. Das Haus kam mir noch immer wie mein Zuhause vor. Ich finde es verblüffend, wie viel Vergangenheit ein paar Ziegel und etwas Mörtel in sich bergen können. Wie sie ein Behältnis für Momente und Mahlzeiten und Glück und Unglück sein können. Inzwischen war ich weniger nervös. Ich war überwältigt. Mir war zumute, als hätte ich eine Zeitreise in die Vergangenheit machen dürfen.

Im Haus ging die Feier trotz der Abwesenheit des Geburtstagskinds fröhlich weiter. Alle Gäste waren bester Laune.

Nach diesem Besuch ging ich abends zwei Stunden lang spazieren, um zur Ruhe zu kommen. Es war ein emotional fordernder Tag gewesen. Ich dachte an die italienischen Cafés meiner Kindheit. Die Kunden, so entsann ich mich, waren fast ausschließlich Männer gewesen. Sie bestellten einen Espresso oder einen Macchiato oder einen Caffè crema oder einen Ristretto. Niemand bestellte einen Flat White. Flat Whites, so erfuhr ich später, kamen in den späten siebziger Jahren in Australien in Mode. Sie haben einen langen Weg hinter sich.

Gastfreundlichkeit

Ich kaufte einen unförmigen, daunengefütterten Wintermantel in einer Filiale der japanischen Kette Uniqlo am Broadway. Um ehrlich zu sein, kaufte ich in dem Winter von 2013 auf 2014 mit seinen unablässigen Schneestürmen den gleichen Mantel zwei Mal. Ich wollte sie übereinander anziehen. Das würde überall, wo ich meine Mäntel in der Öffentlichkeit auszog, viel Gelächter und ein wenig Bewunderung hervorrufen. Und damit meine ich nicht die Öffentlichkeit auf der Straße. Ich meine Cafés und Restaurants und den Friseur und das Fitnessstudio, wo ich mich bemühe, meinen Körper funktionstüchtig zu halten.

Die Schlange an der Kasse war lang, aber die acht oder neun Kassierer arbeiteten wie im Akkord. »Der nächste Gast, bitte«, riefen sie einer nach dem anderen.

Ich war irritiert. Auf einmal wird jeder, der in New York einkauft, als Gast bezeichnet, unabhängig davon, ob er ein Paar Schuhe kauft, einen Schlafanzug oder Kopfschmerztabletten. Auch bei Ketten wie Duane Reade und Old Navy und sogar in kleineren Läden wie Dean & Deluca, dem edlen Deli, das seit Jahrzehnten in SoHo residiert, werden die Kunden als Gäste begrüßt. Wann haben wir aufgehört, Kunden zu sein? Und warum haben wir uns in Gäste verwandelt?

»Warum nennen Sie Ihre Kunden Gäste?«, fragte ich die Kassiererin bei Uniqlo, als ich meine Mäntel bezahlte.

»Weil Sie unser Gast sind«, sagte sie.

»Ich bin nicht Ihr Gast«, sagte ich. »Wenn ich Ihr Gast wäre, würde ich für meine Mäntel nichts zahlen.«

»Warum kaufen Sie den gleichen Mantel zwei Mal?«, fragte sie.

»Ich will beide tragen«, sagte ich. »Gleichzeitig«, fügte ich hinzu. Ich nehme an, dass diese Antwort meiner Glaubwürdigkeit nicht zuträglich war.

»Ich bin nicht Ihr Gast«, wiederholte ich. »Wenn Sie mich nach Hause zum Essen einladen würden, kämen Sie dann auf die Idee, mir nach dem Essen eine Rechnung zu überreichen und mich erst gehen zu lassen, wenn ich bezahlt hätte?«

Die Kassiererin sah mich verwirrt an. Ich weiß nicht, was so verwirrend an meiner Frage war. Ich dachte, ich hätte mich klar und deutlich ausgedrückt. Ich spreche immer deutlich. Und langsam. Ich spreche halb so schnell wie die meisten New Yorker.

Ich spreche langsam, weil meine Eltern fast kein Englisch sprachen, als ich klein war, und ihr Englisch nie so flüssig war wie ihr Polnisch, Deutsch, Jiddisch oder Russisch.

Meine Eltern, Flüchtlinge aus Nazi-Europa, wollten sich um jeden Preis in Australien assimilieren. Und meine Englischkenntnisse, die ich – wie bei Kindern üblich – schnell erworben hatte, waren für sie der Schlüssel zur Assimilation. Seit unserer Ankunft in Australien sprachen sie nur noch Englisch mit mir. Das sorgte für ziemlich unbeholfene und oft rätselhafte Gespräche. Wenn ich mit meinen Eltern sprach, sprach ich langsam und formulierte einfache Sätze.

Dieses langsame Sprechen habe ich seitdem beibehalten. In New York, wo sich alles im Eiltempo abspielt, werde ich wegen meines langsamen Sprechens manchmal gefragt, ob mit mir alles in Ordnung sei. Diese Frage kann ich nicht ausstehen. Es ist eine Frage, die niemand wahrheitsgetreu beantworten könnte. Wer von uns weiß schon, ob mit ihm alles in Ordnung ist? So viele winzige Bestandteile unseres Körpers müssen ihre Aufgabe präzise und zuverlässig erfüllen. Und wir können uns nicht vergewissern, ob auch nur ein Bruchteil dieser Vorgänge so verläuft, wie er sollte. Oder nicht.

Die Kassiererin sah noch immer verwirrt aus. Allmählich wünschte ich, ich hätte nichts zu ihr gesagt. »Meine Wohnung ist zu klein für Essenseinladungen«, sagte sie. Ich musste mich geschlagen geben.

»Sind Sie auch Gast hier?«, fragte ich.

Sie lachte. »Nein, ich bin Angestellte«, sagte sie.

Meinen nächsten Versuch unternahm ich, als ich bei Duane Reade in Midtown Augentropfen kaufte. Die Kassiererin rief: »Der nächste Gast, bitte.«

»Warum nennen Sie Ihre Kunden Gäste?«, fragte ich sie.

»Das weiß ich nicht«, sagte sie.

»Die Augentropfen muss ich doch bezahlen, oder?«, fragte ich.

»Selbstverständlich«, sagte sie.

In New York muss man lernen, sich an einer Menge Dinge nicht zu stören. Wenn man mit der Stadt klarkommen will, muss man sich beispielsweise damit abfinden, dass man pausenlos gefragt wird, wie es einem geht, und zwar von Leuten, die keine Antwort erwarten.

In meiner Citibank-Zweigstelle steht ein Angestellter, meist derselbe junge Mann, hinter dem Eingang und fragt jeden, der hereinkommt, wie es ihm geht. »Wie geht es euch, Leute?«, sagte er neulich zu mir und meinem Ehemann. »Wie geht es Ihnen heute, Sir?«, sagte er zu dem Mann, der hinter uns kam. Ich war jedenfalls zumindest froh, dass er uns »Leute« genannt hatte. Das klang jugendlicher als »Sir«.

Drei Stunden später stand der junge Mann immer noch dort und sagte immer noch: »Wie geht es Ihnen?« zu jedem Bankkunden. Niemand schien mehr als ein Nicken oder eine einsilbige Antwort für ihn zu erübrigen. Aber ich vermute, dass es ohnehin nicht in seinen Aufgabenbereich fällt, sich Antworten anzuhören.

In New York wird einem auch dauernd für irgendetwas gedankt. Es wird einem für alles und jedes gedankt. Für den Kauf eines Artikels. Für eine Reservierung. Dafür, dass man sich nach einem Preis erkundigt. Danke, dass Sie bei uns kaufen, mit uns fliegen, unsere Dienste in Anspruch nehmen. Es wird einem auch nach jeder Beschwerde gedankt. Danke, dass Sie Kunde bei Verizon sind, wird der Firmenvertreter der Telefongesellschaft sagen, nachdem man zehn Minuten lang erklärt hat, warum man mit ihnen alles andere als zufrieden ist.

Manchmal rufe ich einen billigen Taxidienst in der Lower East Side namens Delancey Car Service. Ich liebe Delancey. Niemand dankt einem dort. Man bestellt einen Wagen, sie sagen, dass er in fünf Minuten da sein wird, und legen auf. Was für eine Erleichterung.

»Danke, dass du mich fragst«, sagte eine Frau, die vor mir ging, zu ihrer Begleiterin, die sie gefragt hatte, was sie am Wochenende vorhabe. Wir waren auf der Fifth Avenue unterhalb der Fourteenth Street, einem Abschnitt der Fifth Avenue, den ich liebe. Dort gibt es nicht viel Verkehr, und oft ist es richtig friedlich.

»Ich will mich selbst mit einem Geschenk überraschen. Ich dachte, das wäre echt cool«, sagte die Frau zu ihrer Freundin. Ich traute meinen Ohren nicht. Wie kann man sich selbst mit einem Geschenk überraschen, ganz abgesehen davon, dass man *plant*, sich damit zu überraschen?

Ich begann zu vermuten, dass ich es mit der englischen Sprache zu genau nahm. »Ich will mir einen Gutschein für eine Stunde Massage und eine Gesichtsbehandlung besorgen«, sagte die Frau. »Ich will ein paar Hautcremes kaufen und ein Parfüm und alles als Geschenk verpacken und mir eine supernette Karte schreiben.« Ihre Freundin wirkte kein bisschen fassungslos. »Das ist eine tolle Idee«, sagte sie.

»Ich wollte warten, bis etwas Besonderes in meinem Leben passiert, aber dann dachte ich mir, dass ich nicht so lange warten muss«, sagte die andere Frau. Die beiden waren keine verstrahlten Uralthippies. Beide trugen nüchterne Kostüme und hochhackige Schuhe und gingen zielstrebigen Schrittes. Und beide waren über das geplante Geschenkpaket völlig aus dem Häuschen. Zwei Blocks weiter hatten sie es um einen Lippenstift und Theaterkarten erweitert.

Etwas an diesem Gespräch hatte mich nicht nur fasziniert – ich war den beiden gefolgt, bis ich viele Blocks entfernt von meinem ursprünglichen Ziel landete –, sondern auch beglückt. New Yorker können so abgebrüht und unsentimental sein und gleichzeitig dennoch so überraschend unschuldig und beinahe kindlich.

Ich dachte mir, dass ich allmählich zu sauertöpfisch wurde. Vielleicht sollte ich mir auch eine Überraschung gönnen. Ich plane bereits, eine Liste möglicher Überraschungen anzulegen.

Krokodilbeine

Ich wandere durch den Deluxe Food Market in der Elizabeth Street in Chinatown. Dieser überdachte Markt ist riesengroß. Er reicht von der Elizabeth Street bis zur Mott Street. Dort herrscht immer Betrieb, es geht laut und lebendig zu. Wie in ganz Chinatown. Ich liebe Chinatown. So viel Geschäftigkeit. So viel echtes Leben. Keine Louis-Vuitton-Läden. Kein Miu Miu, kein Marc Jacobs.

Auf halbem Weg im Deluxe Food Market, nachdem ich bereits beschlossen habe, die dünn aufgeschnittenen Innereien vom Schwein und die gebratenen Rindersehnen und -zungen zu ignorieren, und unter größter Beherrschung darauf verzichtet habe, zu viele von den Dampfbrötchen mit schwarzer Bohnenfüllung zu kaufen, die ich so liebe, sehe ich ein Paar großer Beine. Sie liegen auf einem Bett aus Eis. Ich kann mir nicht recht vorstellen, an was für einem Körper diese Beine befestigt gewesen sein mögen. Sie sehen prähistorisch und bedrohlich aus. Auf gar keinen Fall wie der Hauptgang eines festlichen Menüs. Ob mariniert, eingelegt oder als Curry – diese Beine würden immer noch tödlich aussehen.

Ich frage einen anderen Kunden, einen Chinesen, ob er weiß, was für Beine das sind. Er weiß es nicht. Zwei chinesische Mädchen kommen hinzu. Sie starren die Beine an und sagen wie aus einem Mund: »Krass!« Sie wissen auch nicht, was das sein könnte. Der Chinese fragt den Inhaber des Stands. Und es stellt sich heraus, dass es sich um Krokodilbeine handelt.

Ich sehe wieder die zwei Beine an und merke, dass sie nicht zueinander passen. Sie stammen nicht von demselben Krokodil. Waren die zwei anderen unpassenden Krokodilbeine an einen anderen Markt geliefert worden? Oder hatte man sie getrennt und bot sie nun als einzelne Beine an? Das kam mir irgendwie nicht richtig vor, obwohl ich wirklich nicht weiß, warum ich den Eindruck hatte, die Beine hätten zusammen bleiben sollen. Schließlich waren sie tot.

Obwohl die Krokodilbeine unstreitig und zweifellos tot waren, wirkte irgendetwas an ihnen noch immer lebendig, besonders an dem größeren der beiden Beine. Die untere Hälfte des Beins und die Klauen waren tiefschwarz. Das Bein sah aus, als trüge es einen Handschuh bis zum Ellbogen, wie für einen Opernbesuch.

Der obere Teil des Beins endete in zerfetztem rohem Fleisch. Fleisch, das nicht aussah, als wäre es säuberlich abgetrennt worden. Fleisch, das aussah, als hätte man es dem Krokodil aus dem Körper gerissen. Einige Zeit zuvor war ich an der Schulter operiert worden. Das Krokodil tat mir leid.

Mit Krokodilen kenne ich mich nicht besonders gut aus. Ich weiß, dass sie sehr kälteempfindlich sind und dass sie ein feines Gehör haben. Ich habe gelesen, Krokodilweibchen könnten ihren Nachwuchs aus den Eiern im Sand nach ihnen rufen hören. Krokodile legen zwischen sieben und fünfundneunzig Eier. Da hat man auf eine Menge Babys zu lauschen.

Ich weiß auch, dass Krokodile einen beneidenswert langsamen Stoffwechsel haben. Sie können lange Zeit überleben, ohne zu fressen. Sie müssen nie Diät halten. Aber sie ernähren sich auffallend kalorienarm. Sie fressen hauptsächlich kleine Säugetiere – Vögel, Fische, Krabben, Insekten, Schnecken und Frösche. Diese Nahrungsgruppe zeichnet sich nicht durch einen hohen Kaloriengehalt aus. Manche Krokodile verschlingen und verdauen sogar Steine. Die Steine, so habe ich gelesen, fungieren als Ballaststoffe. Ich denke mir, sie könnten auch als Verdauungshilfe dienen, was wiederum sehr clever und gesund wäre, bedenkt man, wie regelmäßig wir von den Gesundheitsbehörden ermahnt werden, mehr Ballaststoffe zu uns zu nehmen.

Indem ich die blutigen Fleischfetzen am Ende des Krokodilbeins betrachtete, fragte ich mich, was mit der Schulter des Krokodils passiert war. Anderer Leute Gesundheitsbeschwerden gehen mir sehr nahe. Wenn ich mich mit jemandem unterhalte, der stottert, beginne ich zu stottern. Wenn ich jemandem begegne, dem gerade Gallensteine entfernt wurden, kann ich spüren, wie sich bei mir Gallensteine herausbilden. Ich übernehme sämtliche Krankheitssymptome meines Mannes. Als sein rechtes Bein verletzt war, hinkte ich, und als er wegen eines Bruchs operiert worden war, hatte ich fürchterliche Bauchschmerzen. Ich verließ den Markt, bevor meine Schulter, die gut verheilt war, wieder zu schmerzen begann.

So jüdisch

Eines Tages dämmerte es mir, dass ich tatsächlich sehr jüdisch bin. Ich weiß nicht, warum mich das so überrascht hat. Ich weiß und habe immer gewusst, dass ich Jüdin bin. Aber erst vor einigen Jahren ist mir wie auf einen Schlag zu Bewusstsein gekommen, wie jüdisch ich tatsächlich bin.

Was hat mir vor Augen geführt, wie jüdisch ich bin? Vieles. Zum einen koche ich immer zu viel. Viel zu viel. Als meine neue Agentin zum ersten Mal zum Essen kam, habe ich Unmengen Schalentiere und Pasta serviert. Massen von Jakobsmuscheln und Garnelen und Muscheln und Seebarsch lagen auf der Platte.

Meine Agentin und ihr Ehemann sind schlank. Sie sehen nicht aus, als wären sie gefräßig. Der Berg von Essen schockierte mich selbst. Was hatte ich mir dabei gedacht, fragte ich mich. Auf dem Tisch war genug Essen für mindestens zwölf Gäste. Für zwölf hungrige Gäste.

Es ist eine sehr jüdische Eigenart, zu viel zu kochen. Ich kenne keine Juden, die bescheidene Mahlzeiten zubereiten. Ich habe zu Thanksgiving schon einmal zwei Truthühner von jeweils sechsundzwanzig Pfund Gewicht für acht Personen zubereitet. Meine Ausrede war, dass ich mit zehn Gästen gerechnet hätte.

Und ich mache mir Sorgen. Sich Sorgen zu machen, ist eine Grundvoraussetzung jüdischer Identität. Ich mache mir über alles Sorgen. Ich mache mir Sorgen über meinen Mann, meine Kinder, meine Freunde und meine Nachbarn. Ich mache mir Sorgen über das Wetter und die Auswirkungen des Wetters auf meine Haare. Ich mache mir Sorgen, dass ich den Bus oder den Zug oder den Anfang eines Theaterstücks oder Konzerts verpassen könnte. Ich mache mir Sorgen, ich könnte mich verspäten. Immer und überall. Ich mache mir diese Sorgen, obwohl ich glaube, dass ich mich noch nie verspätet habe. Das ist nichts, worauf ich stolz bin. Ich beneide Leute, denen es nichts ausmacht, sich zu verspäten. Mein Bedürfnis nach Pünktlichkeit ist mir peinlich. »Ich bin krankhaft pünktlich«, sage ich in kläglichem Ton zu Leuten, die wissen, dass ich mich dort, wo wir uns verabredet haben, viel zu früh einfinden werde. Mein Mann sagt gern im Scherz, die einzige Möglichkeit für mich, entspannt zu sein und nicht zu befürchten, mich eventuell zu verspäten, bestünde darin, bei jedem Termin und jeder Verabredung einen Tag zu früh zu kommen. Ich finde das nicht komisch. Ich mache mir über so viele Dinge Sorgen. Vielleicht könnte ich die Quantenphysik oder höhere Algebra verstehen, wenn ich nicht so viel Zeit darauf verwenden würde, mir Sorgen zu machen.

Es ist kein Geheimnis, dass ich Wegstrecken und Zeitpläne von Freunden, die bei uns in New York zu Besuch waren, überprüft habe, um sicherzugehen, dass sie rechtzeitig aufbrachen, wenn sie etwas vorhatten. Einer Freundin, die eine Klinik in Uganda und ein Waisenhaus in Nepal unterstützt und bei beträchtlichen Investitionen anderer Leute die Fäden in der Hand hält, hielt ich eindringlich vor Augen, dass sie zu wenig Zeit veranschlagt habe, um an einem Tag ihres kurzen Aufenthalts von Punkt A nach Punkt B zu gelangen. Es wäre die Tageszeit, zu der die New Yorker Taxifahrer Schichtwechsel hätten, erklärte ich, und es könnte schwierig sein, ein Taxi zu bekommen. Ich bestellte einen Wagen bei einem Fahrdienst, der sie am Punkt A abholen sollte. Ich glaube, darüber lacht sie heute noch.

Der jüdische Witz, der mir am besten gefällt und den ich mir als einzigen Witz merken kann, ist der über das jüdische Telegramm. Es lautet: »Mach dir schon mal Sorgen. Einzelheiten später.«

Ein anderer Beweis, dass ich sehr jüdisch bin, ist die Dreistigkeit, mit der ich es fertigbringe zu erwähnen, dass mein Sohn Arzt ist. Diese Information kann ich elegant in jede Unterhaltung einfließen lassen. Vor allem in jedes Gespräch mit einem anderen Arzt. Ich glaube, ich hatte noch nie einen Arzttermin, bei dem ich nicht innerhalb von Minuten nach meiner Ankunft erwähnt habe, dass mein Sohn ebenfalls Arzt ist. Inzwischen leitet mein Sohn zwei Abteilungen des Lehrkrankenhauses, an dem er arbeitet. Nichts könnte mich daran hindern, ein Gespräch mit dieser Information anzureichern. Es überrascht mich selbst, wie häufig ich mich über meinen Sohn, den Arzt, äußere. Auf meine relativ stille Weise bin ich das fleischgewordene Stereotyp der Karikatur einer jüdischen Mutter. »Mein Sohn, der Arzt« ist eine Wendung, die man aus Tausenden jüdischer Witze über die jüdische Mutter kennt.

Vor Jahren sah ich in einem Buch mit dem Titel *French for Mrs. Katz* eine Reihe von Cartoons über jüdische Mütter. Die Texte dazu waren auf Englisch und Französisch. Ich musste wahnsinnig lachen, als ich sie las. Nach zwanzig Minuten hatte ich Bauchschmerzen vor Lachen. Keine der Mütter auf den Cartoons sah glücklich aus. Die Bildlegenden lauteten: »Natürlich mache ich mir Sorgen, ich bin schließlich deine Mutter«, »Aber wer bin ich, dass ich mich beklagen dürfte? Ich bin ja nur deine Mutter«, »Wenn du erst einmal selbst Mutter bist, wirst du das verstehen«, »Iss, Liebling, iss«, »Wenn du gehst, stecke ich den Kopf in den Backofen« oder: »Man kann im Lauf eines Lebens zehn Ehemänner haben, aber nur eine Mutter«.

Es war so treffend, dass ich Tränen lachte. Auf Französisch klangen die Texte noch komischer.

Abgesehen von meinem Hang zum Bemuttern gibt es noch andere Eigenschaften, die mich sehr jüdisch machen. Ich bin unsportlich. Ich glaube, ich kann ohne Übertreibung behaupten, dass die meisten Juden, die ich kenne, nicht sehr sportlich sind. Sie sind nicht ständig auf dem Weg zu einem Tennismatch oder einem Zehn-Meilen-Lauf. In der Regel sitzen oder stehen sie eher irgendwo und reden. Wir reden eine Menge.

Ich rede zweifellos eine Menge. Ich erkläre alles bis ins kleinste Detail. Vor allem, wenn ich lüge. Jedes Detail ist mir recht als Anlass für eine Debatte. Und es ist auch nicht unter meiner Würde, selbst bei den kleinsten Entscheidungen mindestens ein Dutzend Möglichkeiten durchzuspielen. Das stellt mich nicht gerade in ein gutes Licht. Aber es kommt noch schlimmer.

Ich ärgere mich schnell. Dinge, die mein Mann gar nicht wahrnimmt, können mich tagelang verärgern. Mein Mann sagt, wenn ich zu Zeiten Emily Brontës gelebt hätte, dann hätte ich nicht *Sturmhöhe* geschrieben, sondern *Zornhöhe*. Ich glaube nicht, dass *Zornhöhe* das Wahre gewesen wäre.

Jiddisch, die Sprache der Juden, ist reich an Klagen und Beschwerden. Ich dachte immer, ich würde mich dauernd beklagen. Bis mein Zahnarzt, ebenfalls Jude, zu mir sagte, ich beklagte mich sehr wenig. Vielleicht gilt das für mich als Patientin beim Zahnarzt. Für mich als Ehefrau gilt es ganz sicher nicht.

Mein Mann neigt nicht zum Klagen. Er beklagt sich nie. Er kann sich schlecht fühlen oder die ganze Nacht kein Auge zugetan haben, aber er würde kein Wort darüber verlieren. Klagen muss ich aus ihm herauspressen.

Ich mag Leute, die sich beklagen. Es hat etwas Tröstliches zu wissen, was im Leben anderer Leute schiefläuft. Und es gefällt mir, über anderer Leute Leben Bescheid zu wissen.

Es gefällt mir auch, alles über Krankheiten zu wissen. Über alle Krankheiten. Krankheitssymptome sammle ich mit einem Eifer, mit dem andere Wissen über Algorithmen anhäufen oder Fremdsprachen lernen. Ich lese sämtliche Beipackzettel.

Die Schrift darauf ist oft so klein, dass ich zum Lesen eine Lupe brauche.

Die vier gängigsten nicht verschreibungspflichtigen Medikamente in den USA sind allesamt Schmerzmittel. Sie können Leberleiden, Magengeschwüre, Bluthochdruck, Nierenleiden, Sodbrennen, Schwindelgefühle, Blähungen und Verstopfung zur Folge haben. Ich weiß nicht, warum ich das Bedürfnis habe, das alles zu wissen. Ich nehme nicht oft Schmerzmittel. Was verschreibungspflichtige Medikamente betrifft, ist es manchmal ein Fehler, sich über ihre Nebenwirkungen zu informieren, denn die Nebenwirkungen klingen oft schlimmer als das, was man mit dem Medikament behandeln will. Und sie machen einem grauenvoll bewusst, was dem eigenen Körper alles widerfahren kann.

Im Jiddischen gibt es zahllose Möglichkeiten zu sagen, wie man sich fühlt. Keine davon ist auch nur entfernt heiter, zum Beispiel: *farblondshet* für verwirrt, *fardrajt* für benommen, ratlos, *farmischt* für verstört, *fartummelt* für durcheinander.

»Oj, joj« ist ein jiddischer Ausruf der Klage und des Jammerns. »Oj, joj«, sage ich täglich mehrmals. Ich sage es, wenn ich müde bin. Wenn mir kalt ist. Wenn mir zu warm ist. Wenn ich mit den Nerven am Ende bin. Es ist ein sehr nützlicher Allzweckausdruck. Aber dennoch war ich ein wenig besorgt, als ich den kleinen Sohn meiner Tochter im Haus herumgehen und dabei sagen hörte: »Oj, joj, joj.« Er besuchte damals einen jüdischen Kindergarten.

Jiddisch ist auch reich an Flüchen. »Mögest du alle drei Minuten oder nur alle drei Monate aufs Klo müssen«, ist eine meiner Lieblingsverwünschungen.

In den 1930er Jahren wurde Jiddisch von mehr als zehn Millionen Menschen gesprochen. 1945 waren fünfundsiebzig Prozent von ihnen tot.

New York ist eine sehr jüdische Stadt. In New York werden

jiddische Wörter genauso von Nichtjuden gebraucht wie von Juden.

Jiddisch spielte in der Politik der Stadt New York schon vor über hundert Jahren eine Rolle. 1922 beispielsweise wurde Fiorello La Guardia, ein Mitglied der Episkopalkirche, der später der neunundneunzigste Bürgermeister New Yorks werden sollte, wieder in den Kongress gewählt, nachdem er Anschuldigungen, er sei Antisemit, erfolgreich widerlegt hatte, indem er seinen Gegner zu einem Rededuell auf Jiddisch herausforderte. La Guardia war italienischer Abstammung, sein Vater war Katholik, die Mutter Jüdin, und so sprach er flüssig Jiddisch. Sein jüdischer Gegner hingegen nicht.

Manchmal zeige ich meinem Vater You-Tube-Videos mit alten jiddischen Liedern. Vor ein paar Wochen sangen wir zusammen das jiddische Lied »Oj, Mottel, Mottel«. In »Oj, Mottel, Mottel« geht es um einen Schüler namens Mottel, der nicht sehr fleißig ist. Im Lied heißt es: *Mottel, Mottel, was soll nur aus dir werden? Der Rabbi sagt, du wolltest nicht lernen.* Dann wird beschrieben, wie Mottel sein Leben mehr oder weniger vertrödelt. Es ist besonders ergreifend, wenn mein Vater und ich es zusammen singen, denn singen können wir beide nicht.

In »Oj, Mottel, Mottel« gibt es keine einzige fröhliche Zeile. Mich stört das nicht. Ich finde zu viel Fröhlichkeit ermüdend. Amerikaner sind meistens sehr fröhlich. Amerikaner grüßen jedermann fröhlich. Das kann ziemlich anstrengend sein. Die Sprechstundenhilfe meines orthopädischen Chirurgen rief mich am Tag nach meiner Schulteroperation an. »Wie geht es Ihnen?«, fragte sie fröhlich. »Nicht besonders gut«, sagte ich. Ich war in eine Art Gestell eingegipst, das meine Schulter fixieren sollte, und hatte erhebliche Schmerzen.

»Oh«, sagte sie in überraschtem Ton. Ich bekam ein schlechtes Gewissen. Ich hatte den Eindruck, ich hätte eine viel fröhlichere Antwort geben müssen.

Anders als Amerikaner sind Russen nicht für eine übertrieben fröhliche Mentalität bekannt. Alina Simone, eine russisch-amerikanische Autorin und Sängerin, hat in der *New York Times* einen Artikel über die typisch russische Reaktion auf die Frage »Wie geht es Ihnen?« veröffentlicht. Amerikaner, sagt sie, antworteten auf diese Frage immer mit: »Prima.« Wenn Russen diese Antwort hören, erklärt sie, »denken sie entweder, man sei durch ein Wunder von der Mühsal und Plackerei befreit worden, die die *condition humaine* mehr oder weniger definiert, sodass man ein unerwartetes und überwältigendes Glücksgefühl erlebt, oder aber man lüge«. Russen, fügt sie hinzu, würden so eine Frage mit »einem unumwundenen Bekenntnis der Unzufriedenheit« erwidern, »untermalt beispielsweise mit den Einzelheiten der letzten Verdauungsstörung«.

Diesen Artikel habe ich meinem Freund Jack Schwartz geschickt, der Journalistik lehrt. Er schrieb mir eine E-Mail, in der er erklärte, dass Russen auf die Frage »Wie geht es Ihnen?« reagieren müssen, während ein Jude so viel überflüssiges Brimborium nicht benötigt, sondern direkt antwortet, ohne gefragt worden zu sein.

Ich habe den Artikel auch einer russischen Freundin geschickt, die in Australien lebt. Sie ist eine großartige und überaus erfolgreiche Frau. In der E-Mail, die ich daraufhin von ihr erhielt, erwähnte sie den Artikel nicht. »Mein Stress hat ungeahnte Ausmaße erreicht, und manchmal kommt es mir vor, als hätte ich den größten Teil meines Lebens unter Adrenalin zugebracht«, schrieb sie. Dann erwähnte sie, dass sie einen Kinesiologen konsultiere und einen Reiki-Therapeuten, um ihr Leben zu ordnen. Und dass sie einstweilen darauf verzichten wolle, detailliert auf ihre Bauchspeicheldrüsenproblematik einzugehen, sondern sich dies für ein andermal aufspare.

Sobald ich ihre E-Mail zu lesen begann, musste ich lachen. Ich lache oft. Meistens über mich selbst. Das tun die meisten

Juden. Über sich selbst lachen, meine ich, nicht über mich. Den Sinn für Humor habe ich von meinem Vater. Er hat einen phantastischen Sinn für Humor. Wenn er lacht, lacht er so herzlich, dass ihm fast die Tränen kommen. Und wie ein Kind kann er oft nicht mehr aufhören zu lachen. Das macht mir Sorgen, denn ich denke, in seinem Alter könnte anhaltendes Gelächter vielleicht schädlich sein.

Vor kurzem erzählte ich meinem Vater, dass ich einen billigen Taxidienst in meiner Gegend angerufen hatte, um mich abholen zu lassen, weil es aus Eimern schüttete und ich einen Termin hatte. Ich hatte ohne Brille die Nummer gewählt und dabei versehentlich meinen Zahnarzt zu Hause angerufen und ihn gebeten, mich so schnell wie möglich in SoHo abzuholen. »Ich wünschte, das könnte ich«, sagte mein Zahnarzt, »aber ich wohne in Queens.« Die nächsten zehn Minuten entschuldigte ich mich bei meinem Zahnarzt dafür, dass ich ihn zu Hause angerufen hatte.

Als ich diese Geschichte meinem Vater erzählte, musste er so lachen, dass er fast keine Luft mehr bekam. Als er schließlich zu lachen aufhörte, sagte er: »Ein Glück, dass du nicht den Taxidienst angerufen hast, um dir die Zähne richten zu lassen.« Und er brach wieder in Gelächter aus.

Bäume

Nicht weit von meiner Wohnung in SoHo stand ein großer alter Baum. Ich habe von Natur aus keine besondere Beziehung zu Bäumen, aber für diesen Baum entwickelte ich eine gewisse Zuneigung. Er galt als einer der ersten Bäume, die in meiner Gegend gepflanzt worden waren. Im Sommer stellte ich mich manchmal in seinen Schatten.

Vor wenigen Monaten merkte ich eines Tages bei einem frühmorgendlichen Spaziergang, dass etwas anders war. Und dann begriff ich. Der Baum war nicht mehr da. Ich fand heraus, dass er gefällt worden war, weil er morsch war und die Stadt nach dem Hurrikan Sandy nicht riskieren wollte, dass bei künftigen Unwettern wieder so viele Bäume umstürzten.

Ich war traurig, als ich das erfuhr. Und das, obwohl ich ja wirklich nicht gerade verrückt nach Bäumen bin. Vor allem, wenn es zu viele von ihnen gibt. Letztes Jahr war ich zu einer Lesereise in Australien, unter anderem in Tasmanien. Wenn Australier über Tasmanien sprechen, schwärmen sie von den Bäumen und von dem Geruch der frischen und sauberen Luft und davon, wie herrlich all das ist. Ich kam in Tasmanien an, atmete die frische, saubere, unvergiftete Luft ein und begann zu husten und zu niesen.

Tasmanien gehört zum australischen Commonwealth; es ist eine Insel zweihundertvierzig Kilometer vor Australien. Diese Informationen musste ich nachschlagen, weil ich in geographischer Hinsicht nicht besonders bewandert bin. Für mich war Tasmanien immer das merkwürdig kleine Stück Land am Fuß aller Landkarten von Australien. Tasmanien mag klein aussehen, ist aber, wie ich erfahren habe, die sechsundzwanzigst-größte Insel der Welt.

»Tasmanien wird Ihnen gefallen«, sagte die Pressefrau, die mich begleitete, bevor ich zu niesen anfing. In den drei Tagen, die ich in Tasmanien war, konnte ich nicht aus dem Haus gehen, ohne dass meine Augen tränten oder meine Nase zu laufen begann. In New York passiert mir das nie. Kohlenmonoxid vertrage ich offenbar gut. Im smoggeplagten Peking war ich geradezu beschwingt. In Tasmanien habe ich durchgehend Medikamente gegen meine Allergien und Kopfschmerzen genommen und mich durch sämtliche Interviews geschnieft und gehustet.

Bei einem Fotoshooting erwartete ich, dass es in einem Café stattfände, aber der Fotograf wollte mich lieber in dem Park gegenüber dem Café fotografieren. »Ich mache ein Foto von Ihnen an einem Baum«, sagte er.

»Ich stehe normalerweise nicht neben Bäumen«, sagte ich. Er antwortete nicht. »Zu Bäumen habe ich kein besonders gutes Verhältnis«, sagte ich. Er sah mich äußerst befremdet an.

»Gehen Sie einfach über den Rasen, und lehnen Sie sich an diesen Baum«, sagte er.

»Rasen mag ich auch nicht besonders«, sagte ich. Der Fotograf wirkte fassungslos. Ich verzichtete darauf, ihm zu erklären, dass ich auf Insektenstiche sehr allergisch reagiere und dass alle Insekten mich unwiderstehlich finden.

Ich gab auf und ging über den Rasen. Das Gras war sehr feucht. Meine Wildledersstiefel waren sofort pitschnass. Ich lehnte mich an den Baum, an den ich mich lehnen sollte, wie von dem Fotografen gewünscht. Ich versuchte, den Eindruck zu erwecken, als wären der Baum und ich gute Freunde. Der Baum war auch nass. Wasser tropfte mir auf den Kopf und verwandelte meine Locken unversehens in einen Afro, wie er früher mal in Mode war.

Es ist nicht gemütlich, sich an Bäume zu lehnen. Sie sind

hart und schartig, und man kann sich an ihrer Rinde sogar verletzen. Ich war mir sicher, dass ich nervös aussah, wenn nicht gar mehr als das. »Lächeln Sie«, sagte der Fotograf. Ich versuchte zu lächeln, aber ich gehöre nicht zu denen, die wie auf Knopfdruck strahlend lächeln können. Mein Lächeln fällt immer ein bisschen schmallippig aus. Ich tue mich schwer damit, für eine Kamera zu lächeln.

Als ich dann das Foto sah, war ich ganz entsetzt. Ich lehne stocksteif mit meinem vorgestrigen Afro an diesem Baum und sehe aus, als litte ich an Hämorrhoiden oder an Gicht.

Wörterbücher

Neulich nachts weckte mich ein gewaltiges Krachen. Ich erschrak. Aber ich geriet nicht in Panik. Panik behalte ich mir für geringfügige Anlässe vor. Ich gerate in Panik, wenn die *New York Times* nicht rechtzeitig zugestellt wird. Ich gerate in Panik, wenn schwere Regenfälle angekündigt sind. Ich gerate in Panik, wenn meine Kinder mir erzählen, dass sie einen Arzttermin haben. Aber in Notfällen gerate ich nie in Panik. Dann bin ich ruhig. In einem Notfall bin ich der Mensch, den Sie wahrscheinlich am liebsten in Ihrer Gegenwart hätten. New Yorker geraten fast nie in Panik. In Notfällen bin ich eine echte New Yorkerin.

Ich stand auf und sah mich um. Alles wirkte wie immer. Alle Fenster waren geschlossen. Die Möbel standen an ihrem Ort. Mein Mann schlief noch immer. Er könnte bei einem Erdbeben weiterschlafen. Wir wohnen in einem ehemaligen Fabrikgebäude. Für New Yorker Verhältnisse ist es eine ruhige Wohnung. Aber wegen der ungenügenden Isolierung, die mein Vater in seinem gebrochenen Englisch Isolation nennt, bekommen wir oft alle möglichen Geräusche unserer Nachbarn zu hören.

Ich mag es, Lebenszeichen von unseren Nachbarn zu hören. Ich finde es oft tröstlich. Während des Hurrikans Sandy fand ich es tröstlich zu wissen, dass die Nachbarn über uns nicht aus der Stadt geflohen waren trotz fehlenden Stroms, fehlender Heizung und fehlender Telefon- und Internetverbindungen.

In diesen paar Tagen empfand ich es nicht einmal als störend, wenn ihre Tochter auf dem Klavier übte. Sie übt mit Inbrunst. Sie spielt jeden Tag dasselbe Stück. Und wird kein bisschen besser. Keinerlei Anzeichen irgendeines Fortschritts. Jeden Tag stolpert sie über dieselben Hürden und schlägt die Tasten mit dem Feingefühl eines Zementmischers an. Ich musste mich sehr zusammennehmen, um ihren Eltern nicht zu erklären, dass aus ihr nie eine zweite Martha Argerich werden wird.

Ich fragte mich, ob das krachende Geräusch vielleicht aus der Wohnung der Nachbarn über uns gekommen war. Aber oben war alles ruhig. Wenn eine Katastrophe passiert wäre, wären sie hysterisch herumgerannt.

Ich ging wieder ins Bett und gratulierte mir zu meiner Gelassenheit und Selbstbeherrschung. Wir haben einen Alarmknopf in der Wohnung. Er ist mit einer Sicherheitsfirma verbunden. Das war eine Bedingung bei Abschluss unserer Hausratsversicherung. Wenn man diesen Knopf drückt, alarmiert die Sicherheitsfirma die Polizei, den Notarzt, die Feuerwehr und möglicherweise sogar Scotland Yard. Ich gebe mir immer größte Mühe, diesen Knopf zu meiden. Ich fürchte mich vor ihm. Ich kann den Lärm nicht ertragen, der ausgelöst wird, wenn man den Knopf betätigt. Die Vorstellung, von der Polizei, der Armee oder der Marine heimgesucht zu werden – oder wen auch immer die Sicherheitsfirma schicken könnte –, bereitet mir Kopfschmerzen.

Am nächsten Morgen sah ich, was passiert war. In der Hektik, mit der ich sämtliche Haushaltsgeräte in unserer Wohnung überprüft hatte, hatte ich vergessen, in meinem Arbeitszimmer nachzusehen. Dort war ein Regalbrett unter dem Gewicht von zwanzig Bänden des Oxford English Dictionary heruntergebrochen. Es war auf ein Regalbrett mit fünf Figürchen gestürzt. Fünf Musikanten, ein Klarinettist, ein Trommler, ein Saxophonist, ein Tubaspieler und ein Akkordeonspieler, die eine Art Klezmerensemble bilden. In meiner Kindheit waren sie bei uns zu Hause die einzige Dekoration gewesen. Ein Violinist verschwand irgendwann in den sechziger Jahren.

Ich machte mich darauf gefasst, auf die zerbröckelten Überreste der Musiker zu blicken. Zu meinem Erstaunen hatten vier von ihnen den Unfall unversehrt überstanden. Ohne Kratzer, ohne Brüche. Aber dem Akkordeonspieler ging es gar nicht gut. Sein Kopf steckte im Regalbrett. Ich drehte und zerrte den Kopf des Akkordeonspielers vorsichtig aus dem Loch, das sein Kopf in das Brett gebohrt hatte. Ich kam mir vor wie ein Hals-Nasen-Ohren-Arzt, obwohl ich mir nicht sicher bin, dass Ärzte ihre Zeit damit verbringen, Köpfe aus Brettern zu holen. Es verblüffte mich zu sehen, dass der Akkordeonspieler völlig unversehrt war.

Vor vielen Jahren haben diese Figürchen ein großes Feuer in unserer Wohnung überlebt.»Sie haben eben neun Leben«, sagte eine Nachbarin zu mir, als ich ihr davon erzählte. Ich glaube nicht daran, dass Menschen oder Gegenstände Schicksale oder mehrere Leben haben, aber wenn es wahr sein sollte, dann hat dieses Klezmerensemble noch mehrere Leben in petto.

Schultern

Eines Morgens erwachte ich mit dem dringenden Bedürfnis, einen Strudel zu backen. Viele New Yorker haben dringende Anliegen und vielleicht sogar dringende Dringlichkeiten, aber vermutlich wachen nicht viele von ihnen mit dem unbezähmbaren Bedürfnis auf, einen Strudel zu backen.

Neben dem Zusammenstellen der Zutaten und dem Herstellen von Teig und Füllung hatte ich das kleine Problem, dass ich meinen rechten Arm nur sehr eingeschränkt bewegen konnte, nachdem ich kurz zuvor an der Schulter operiert worden war. Und ich bin Rechtshänderin. Ich konnte immer noch nicht mit der rechten Hand essen. Wochenlang hatte ich mit der Linken gegessen. Ständig hatte das Essen meinen Mund verpasst und war in meinem Schoß gelandet. Nur mein Vater fand das lustig.

Ich konnte es kaum erwarten, wieder einen Stift halten und schreiben zu können. Und selbständig essen zu können. Und mich selbst anziehen zu können. Seit der Operation hatte ich meine ganze Kraft ausschließlich auf die Rehabilitation verwendet. Ich ging dreimal die Woche zur Physiotherapie und machte dreimal am Tag meine Übungen. Und lernte dabei eine Menge über mich.

Ich lernte, dass die Schultern die Arme mit dem Körper verbinden. Dieser so naheliegende Gedanke war mir vorher nie gekommen. Und die Schultern sind fast der beweglichste Teil des Körpers. Auch das hatte ich nicht gewusst. Ich hatte keine Vorstellung davon gehabt, wozu Schultern da sind, außer gut auszusehen.

Ich lernte auch, dass ich außerstande bin, Übungen nach

Anleitung nachzumachen. Die einfachsten Anleitungen sind mir ein Buch mit sieben Siegeln. Das hängt vermutlich mit meinem Unvermögen zusammen, Karten zu entziffern, und mit meinem katastrophalen Orientierungssinn. Ich kann mir noch so große Mühe geben, aber Übungen, bei denen ich auf mehr als drei Dinge gleichzeitig achten muss – beispielsweise Schultern gestrafft, Knie gebeugt, Hände ausgestreckt und Füße parallel –, schwinden mir aus dem Gedächtnis, sobald ich mich von meinem Physiotherapeuten Ben Gold verabschiedet habe. Ich bringe es nicht einmal fertig, die Schultern zu senken, die Bauchmuskeln anzuspannen und die Ellbogen am Körper zu halten. Jedenfalls nicht gleichzeitig.

Zum Glück ist Ben ein kluger und verständnisvoller Mann. Er macht Übungsvideos für mich. Er filmt mich dabei, wie ich die Übungen mache, während er mit seiner klaren Stimme die einzelnen Anweisungen gibt. Und die Videos schickt er mir per E-Mail.

Die Videos faszinieren mich. Mich fasziniert, wie furchtbar ich aussehe. Da bin ich, in meinem unsäglichen grauen Oberteil und einer scheußlichen und ziemlich weiten schwarz-weiß gemusterten Stretchhose von H & M. Nicht dass ich ansonsten meistens Chanel oder Stella McCartney trüge – ich bin es nur nicht gewohnt, mich so zu sehen. Es ist kein Bild, das ich gerne sehe.

Schließlich blende ich aus, wie abscheulich ich aussehe, und konzentriere mich auf das Video. Immer eine Übung auf einmal. Ich probiere ein paar der Übungen aus. Irgendwie scheinen sie noch immer nicht zu funktionieren. Ich rufe nach meinem Mann. Er sieht sich die Videos einmal an. Und weiß, wie es geht. Er zeigt es mir. Ich probiere es wieder, und langsam lerne ich, wie es geht.

Mehrere Wochen später erwachte ich also mit dem dringenden Bedürfnis, einen Strudel zu backen. Keinen Apfelstrudel oder Topfenstrudel. Nachspeisen und Kuchen liegen mir nicht besonders.

Mit einem brauchbaren Arm und einem sich erholenden Arm beschloss ich, Strudel von Rindercurry mit Mandeln und Rosinen zu machen. Ja, Strudel. Plural. Einige Stunden später holte ich acht Rindercurrystrudel in makelloser Teighülle aus dem Ofen.

Mein rechter Arm schmerzte ein bisschen. Aber das machte mir nichts aus. Ich hatte meine physiotherapeutischen Übungen erfolgreich absolviert.

Jüdisches Feng Shui

Seit fünfundzwanzig Jahren sitze ich auf demselben Stuhl an meinem Esstisch, unabhängig davon, ob zum Essen oder nur zu einer Tasse Tee oder Kaffee. Der Tisch ist sehr lang. Zwölf Leute können daran sitzen. Vierzehn, wenn man sich ein bisschen quetscht.

Wenn ich Gäste zum Kaffee, zum Mittag- oder zum Abendessen einlade, stelle ich die absonderlichsten Verrenkungen an, um sicherzugehen, dass niemand anders auf meinem Stuhl sitzt. Ich gebe mir immer Mühe, so zu tun, als hätte das alles nichts zu bedeuten. Ich gehe mehr oder minder raffiniert vor, indem ich zum Beispiel meine Lesebrille und mein Mobiltelefon vor meinem Stuhl auf den Tisch lege. Mitunter vergesse ich diese gespielte Lässigkeit und haste vor meinen Gästen zum Tisch, um meinen Sitzplatz mit Beschlag zu belegen. Ein ziemlich ungeschicktes Manöver, und ich wirke dabei vermutlich nicht gerade entspannt.

Aber wenn ich auf meinem Stuhl sitze, am rechten Ende meines Esstischs, mit Blick auf die Küche, bin ich beruhigt. Kein anderer der übrigen elf Stühle am Tisch kann mir dieses Wohlgefühl vermitteln.

Letztes Jahr war ein Journalist bei mir, um mich zu interviewen, und er schnappte mir meinen Platz am Tisch weg. Ich war so unklug gewesen, ihm ein Glas Mineralwasser anzubieten. Als ich zurückkam, hatte er sein Aufnahmegerät, sein Notizbuch und seinen Stift vor meinem Stuhl auf den Tisch gelegt. Ich muss irritiert gewirkt haben, denn er fragte mich, ob alles in Ordnung sei. Natürlich musste ich ja sagen. Man kann ein Interview mit einem Journalisten nicht damit beginnen, dass man ihn merken lässt, dass man gerne auf genau dem Stuhl sitzen möchte, den er sich ausgesucht hat.

Ich saß ihm gegenüber. Das ganze Interview hindurch war ich irritiert und durcheinander. Auf dieser Seite des Tischs zu sitzen fühlte sich irgendwie befremdlich an. Ich weiß nicht, warum. Ich saß keinen Meter von meinem gewohnten Platz entfernt und befand mich in meiner eigenen Wohnung.

Wenn ich ein Restaurant besuche, führe ich mich noch schlimmer auf. Was sich als der richtige Tisch erweisen wird, ganz zu schweigen von dem richtigen Stuhl, kann ich erst sagen, wenn ich Tisch und Stuhl sehe. Und oft genug sind Tisch oder Stuhl bereits besetzt. Und solange man nicht Michelle Obama ist, kann man kaum vier Personen mitten in ihrer Mahlzeit auffordern, den Tisch zu wechseln, weil sie genau dort sitzen, wo man selbst sitzen will.

So bleibt mir nichts anderes übrig, als wenigstens den richtigen Stuhl an dem Tisch auszusuchen, mit dem ich vorliebnehmen muss. Jahrzehntelang haben mein Mann und meine Kinder im Stehen abgewartet, bis ich mich entschieden hatte, bevor sie sich setzten. Als meine Kinder klein waren, dachten sie, das wäre normal.

Sobald ich den richtigen Stuhl gefunden habe, bin ich glücklich. Was den richtigen Stuhl zum richtigen Stuhl macht, kann ich nicht erklären. Es gibt keine Regeln, nach denen sich meine Entscheidung für einen bestimmten Sitzplatz an einem Tisch richtet.

Mein Mann nennt das mein jüdisches Feng Shui. Feng Shui, die uralte chinesische philosophische Lehre mit dem Ziel, dem Leben größtmögliche Harmonie zu verleihen, indem Gegenstände so angeordnet und Häuser so entworfen werden, dass dies unsere Gesundheit, unseren Wohlstand und unser Glück fördert, erfreut sich immer größerer Beliebtheit. Vor allem in New York.

Ich suchte im Fernsehen nach einem Dokumentarfilm über Luciano Pavarotti, als ich bei fünf Feng-Shui-Experten hängenblieb, die ihre Ratschläge für ein glückliches Zuhause zum Besten gaben. Der erste Rat lautete, nie mehr als ein Paar Schuhe neben der Eingangstür stehen zu haben. Dagegen habe ich nichts einzuwenden. Ich lasse weder Schuhe noch sonst etwas neben der Eingangstür stehen. Ich mag keine Unordnung. Meine Schuhe stehen im Schuhregal in der Kammer.

Man solle keine elektrischen Geräte außer einem Nachtlicht neben dem Bett haben, fuhr die Feng-Shui-Expertin fort. Und wenn die Lampe an eine Steckdose angeschlossen ist, solle man sie ein Stück vom Bett wegstellen. Ich war mir nicht ganz sicher, ob sie die Lampe oder die Steckdose meinte, aber in beiden Fällen würde es dann schwierig werden, im Bett zu lesen. Es sei denn, man griffe auf eine Petroleumlampe oder auf Kerzen zurück, was ich beides für eine größere Gefahrenquelle halte als eine mit einer Steckdose verbundene Lampe.

Außerdem sagte die Expertin, man solle im Schlafzimmer keinen Computer benutzen, weil das die Schlafqualität negativ beeinflusse. Mein Computer steht in meinem Arbeitszimmer. Ich fragte mich allerdings, ob diese Warnung auch iPads, iPhones und Kindles betraf. Ich liebe mein iPad. Ich schlafe neben meinem iPad. Abends lade ich es wenige Handbreit von meinem Kopf entfernt.

Ich bezweifle, dass mein iPad die Qualität meines Schlafs beeinträchtigt hat. Ich schlafe grundsätzlich schlecht. Alles, was mich nachts wachhalten kann, hält mich wach. Zu viel Glück hält mich wach. Zu viel Glück kann gefährlich erscheinen. Als forderte ich das Schicksal heraus. Zu viel Glück kann mir auf der Stelle Schlaflosigkeit bereiten. Was nicht heißt, dass Sorgen, Kummer oder Melancholie mich beruhigen würden. Auch sie halten mich wach.

Ich beneide Menschen, die gut schlafen. Ich beneide Menschen, die überall einschlafen können. Ich bin mit einem Mann verheiratet, der vier Tassen Espresso trinken und unmittelbar darauf einschlafen kann. Er findet auch alle Betten bequem. Die durchgelegenste, unebenste, schmalste und kürzeste Matratze macht ihm nichts aus.

Ich befolge eine Reihenfolge von Ritualen, die ich sorgfältig einhalte, um schlafen zu können. Nach neun Uhr abends nichts, was Koffein enthält. Spätestens zwei Stunden bevor ich zu Bett gehe, überhaupt nichts mehr trinken. Ich mache jeden Tag meine Gymnastikübungen. Ich schlafe nie tagsüber. Ich telefoniere nicht spätabends. Und ich bemühe mich, an nichts Aufregendes zu denken. Aber trotzdem bleibe ich hellwach.

Ich habe es mit Geräuschmaschinen versucht. Sie erzeugen Geräusche, die einen in den Schlaf wiegen sollen. Ich habe versucht, bei einem Geräusch einzuschlafen, das Froschquaken ähneln soll. Ich weiß nicht, warum das als beruhigend gilt. Ich habe es auch mit einem Geräusch namens »Sommernacht« versucht. Es weckte in mir den Wunsch, aus dem Bett zu springen und mich mit Insektenschutzmittel einzureiben.

Nachdem ich kurz darüber nachgedacht hatte, beschloss ich, mir keine Gedanken darüber zu machen, dass ich in so großer Nähe zu meinem iPad schlafe.

Der nächste Feng-Shui-Experte hatte erfreulichere Nachrichten. Er sagte, man solle sich vergewissern, dass man Herd und Backofen häufig genug benutze. Er sagte, das würde die Küche mit Energie aufladen und dafür sorgen, dass man erfolgreicher, berühmter und geachteter würde.

Mein Herd wird häufig benutzt. Ich koche gerne. Ich hatte nicht gewusst, dass der Gebrauch meines Herds meiner Karriere oder meinem Ansehen förderlich sein könnte. Der Feng-Shui-Experte sagte dann, es sei wichtig, jeden Brenner des Herds so oft wie möglich zu benutzen und sie zu wechseln, wenn man nur ein oder zwei Gerichte kochte. Das waren schlechte Nachrichten. Ich habe einen Gastronomieherd. Er hat zehn Gasbrenner. Ich habe nicht vor, meine Pfanne von einem der zehn Brenner zum nächsten zu befördern, schon gar nicht, wenn ich nur zwei Eier koche oder Teewasser aufsetze.

Ich wollte den Fernseher gerade ausschalten, als eine weitere Feng-Shui-Expertin behauptete, der Bereich für Liebe und Beziehungen sei in jeder Wohnung die südwestliche Ecke. Dieser Bereich, so sagte sie, solle rosa, rot und weiß gehalten sein und könne mit zwei Kerzen, einem Paar Deko-Turteltauben und Fotos von einem Paar sowie Spiegeln in runden Rahmen zusätzlich bereichert werden, was den ganzen Raum mit positiver Energie versehen würde.

Mein erster Stolperstein bei diesem Ratschlag war mein Orientierungsvermögen. Ich bräuchte Hilfe, um herauszufinden, welche Ecke die südwestliche Ecke der Wohnung ist. Und was die Bereicherung durch rosa Wände und Kerzen und Turteltauben betrifft, ganz zu schweigen von Spiegeln in runden Rahmen, käme ich mir vor, als wäre ich in der Wohnung von jemand anderem oder hätte mich versehentlich in eine Liebesschmonzette verirrt.

Aus der Liebesschmonzette riss mich diese Feng-Shui-Expertin, als sie sagte, Ruhm und Anerkennung seien in der Südecke der Wohnung beheimatet. Wer denkt, durch das Lokalisieren der Südwestecke wäre ich imstande, die Südecke zu benennen, der täuscht sich gewaltig. Auch da wäre ich auf Hilfe angewiesen.

Bevor ich noch mehr Zeit damit verbringen konnte, über mein mangelhaftes Orientierungsvermögen nachzudenken, äußerte die Feng-Shui-Expertin eine ernstgemeinte Warnung. Setzen Sie, sagte sie, nicht zu viel Rot ein, denn das kann Rastlosigkeit und Unruhe auslösen. Ich sah mich in meiner Wohnung um. Es gab kein Rot. Was für eine Erleichterung.

Ich schaltete den Fernseher aus, bevor sie mit ihren Ratschlägen für Geld und Reichtum beginnen konnte. Ich war zu der Ansicht gelangt, dass ich das Streben nach Geld und Reichtum viel zu spät aufgegeben hatte.

Mein Vater

Mein Vater ist achtundneunzig. Schokolade liebt er noch immer. Ich kaufe ihm seine Lieblingsschokolade bei Economy Candy in der Rivington Street. Economy Candy ist ein Laden, in dem ich Kopfschmerzen bekomme. Schokolade, wo man auch hinsieht. Schokolade, so weit der Blick reicht. Schokolade fasziniert mich. Am liebsten würde ich Unmengen Schokolade kaufen. Für mich selbst. Stattdessen kaufe ich sie für meinen Vater.

Einen großen Teil der Schokolade, die ich ihm mitbringe, isst mein Vater fast sofort. Während ich zusehe. Er hat längst aufgehört, mir davon anzubieten. Früher war das ein Anlass zu Reibereien zwischen uns, weil ich fast immer nein sagte. »Du bist nicht mehr das Dickerchen, was du früher warst gewesen«, sagte er dann. »Du kannst dir erlauben zu essen Schokolade.« Ich bin seit Jahrzehnten kein »Dickerchen« mehr, aber ich komme mir schnell dick vor. Und fürchte mich davor. Außerdem besuche ich meinen Vater nicht, um über meine Zeit als Dickerchen zu sprechen.

Mein Vater ist mit Ende achtzig nach Amerika übergesiedelt, um in unserer Nähe in New York zu leben. Er liebt New York. Er wohnt in der Lower East Side mitten unter den trendigen Neuankömmlingen und den altgewordenen jüdischen Bewohnern aus früheren Zeiten. Es ist eine bunte, lebensstrotzende und multikulturelle Gegend. Mein Vater hat Bruchstücke von Spanisch und Chinesisch aufgeschnappt.

Er plaudert mit seinen Nachbarn und streitet oft auf der Straße mit orthodoxen Juden, die ihn dazu überreden wollen, die Synagoge zu besuchen. »Es gibt keinen Gott«, erklärt er ihnen Mal für Mal. »Es gibt keinen Gott«, sagt er. Er muss es wissen. Er war fünf Jahre lang im Ghetto von Lodz eingesperrt, bevor er nach Auschwitz deportiert wurde, wo die zahlreichen Mitglieder seiner Familie bis auf eine Ausnahme ermordet wurden. Ich bin mir nicht sicher, dass der unfreiwillige Aufenthalt in Auschwitz ein Garant für künftige Glückseligkeit ist. Aber mein Vater ist glücklich. Er ist tatsächlich glücklich. Wenn ich ihn frage, wie es ihm geht, sagt er: »Mir geht es so gut wie Gold.«

Die gute Laune meines Vaters stellt mich vor ein Rätsel. Er dürfte nicht glücklich sein. Einzelne Funktionen seines Körpers sind nicht mehr auf dem neuesten Stand. So viele alte Leute sind mürrisch und übellaunig. Das kann ich viel besser verstehen als die gute Laune meines Vaters.

Mein Vater beklagt sich auch nie. Als ich das zu ihm sagte, sah er mich an, als wäre ich schwer von Begriff. »Warum ich sollte mich beklagen?«, sagte er. »Wenn ich würde mich die ganze Zeit beklagen, niemand würde wollen mit mir sprechen.« Diese Erwägung hat mich noch nie davon abgehalten, mich zu beklagen, obwohl sie es vielleicht sollte.

Mein Vater ist außerdem noch immer ein Verehrer schöner Frauen. Er liebt schöne Frauen. Vor allem, wenn sie einen üppigen Busen haben. Eine meiner Freundinnen, die ich schon immer um ihre Brüste beneidet habe, hat meinen Vater neulich besucht. Ich rief ihn an, um ihn zu fragen, ob ihr Besuch ihm gefallen habe. Er sagte: »Ja, der Besuch hat mir gefallen sehr gut.« Und er sagte: »Sie hat so eine schöne Figur. Sie könnte sein ein Model.«

»Sie ist auch ein reizender Mensch«, sagte ich in dem Bemühen, den Akzent auf den Charakter meiner Freundin zu verlagern.

»Sie könnte sein ein Model«, wiederholte mein Vater. »Mit so einer schönen Figur sie könnte sein ein Model.« Ich wollte nicht darauf hinweisen, dass heutzutage kein Model große Brüste hat, ganz zu schweigen von sehr großen Brüsten. Ich wollte nicht erwähnen, dass die meisten Models heutzutage gar keine Brüste haben. Es wäre unhöflich und unfreundlich gewesen.

Am nächsten Tag rief mein Vater mich an. »Bin ich wirklich achtundneunzig?«, fragte er.

»Ja«, sagte ich. »So ist es.«

»Bist du dir sicher?«, fragte er.

»Dad, du bist 1916 geboren«, sagte ich. Er schwieg.

»Ich fühle mich nicht wie mit achtundneunzig«, sagte er. »Ich fühle mich wie mit siebenundsiebzig oder achtundsechzig.«

»Du siehst aus, als wärst du achtundsechzig«, sagte ich.

»Ich glaube nicht, dass ich aussehe so alt«, antwortete er. Wahrscheinlich hat er recht. Er sieht ziemlich gut aus.

»Kauf mir noch mehr von dieser Côte-d'Or-Schokolade«, sagte er, bevor er auflegte. »Ich mag sie sehr gerne.«

Schreibwerkzeug

Ich liebe Stifte. Ich habe sie schon immer geliebt. Auf jeder Reise, wohin auch immer, kaufe ich Stifte. Ich bin kein Stifte-Snob. Ich kaufe sie ebenso in Supermärkten und am Kiosk wie in Schreibwarenläden. Ich brauche keinen Mont-Blanc-Laden und besitze keinen Stift aus einer limitierten Edition von Tiffany's.

Ehrlich gesagt, brauche ich gar keine neuen Stifte mehr. Ich habe eine ganze Schublade voll. Kugelschreiber, Tintenroller, Füller. Und ich habe eine Schublade voller Bleistifte. Bleistifte jeder Art. Kurze, lange, Zimmermannsbleistifte, Graphitstifte. Ich habe sogar Bleistifte mit dem Aufdruck Dixon Beginners. Sie sind schwarz und dicker als andere Bleistifte.

Der Besitz all dieser Stifte hindert mich nicht daran, noch mehr Stifte zu wollen. Ich beneide andere Leute um ihre Bleistifte, wie andere vielleicht eine Freundin um ihr Haus oder ihr Auto oder ihren Ehemann beneiden.

Ich bin seit meiner Kindheit in Melbourne von Stiften besessen. Nachdem wir in die Nummer 575 in der Nicholson Street gezogen waren, beäugte ich die Füllfederhalter in einer Presseagentur eineinhalb Blocks von unserem Häuschen entfernt. Und in einem Augenblick großer Gier und Tollkühnheit stahl ich eines Tages einen Füller. Ich wurde nicht erwischt. Diesen Füller habe ich gehütet, als wäre er Elizabeth Taylors Krupp-Diamant.

Ich habe all meine Bücher mit der Hand geschrieben. Ich weiß genau, welche Stifte ich für jedes meiner Bücher benutzt habe. Ich schreibe mit Tintenrollern. In den letzten Jahren war das ein einziehbarer Gelschreiber mit Metallspitze, Modell

Pilot G-2 07. Und immer mit schwarzer Tinte. Ich schreibe nie mit einer anderen Farbe. Die Stellen meines Texts, die ich umstellen oder verändern will, umkringle ich mit Bleistift oder versehe sie mit Pfeilen. Für *Lola Bensky* habe ich smaragdgrüne Critérium-Bleistifte verwendet, die aus Frankreich stammen. Ich habe sie in einem winzigen Schreibwarengeschäft in einem kleinen Bergdorf hundertsiebzig Meilen nördlich von Mexico City gekauft. Sie waren so verlockend und so billig. Ich habe fünfundzwanzig Stück gekauft.

Sobald ich einen Stift in die Hand nehme, überkommt mich ein Gefühl der Ruhe. Ich spüre, dass der Stift unmittelbar mit meinem Herzen, meiner Lunge, meinen Arterien verbunden ist. Nichts trennt uns. Natürlich habe ich einen Computer und ein iPad und ein Smartphone. Und ich achte sehr auf die Sätze, die ich mit diesen Geräten schreibe. Viel zu sehr. Wer macht sich schon die Mühe, nach Kommas oder Apostrophen zu suchen, wenn er mit einem oder zwei Fingern tippt? Und ich liebe Tastaturen und ihr leises Klappern. Aber mit ihnen fühle ich mich nicht so verbunden wie mit einem Stift.

Vor kurzem ging ich in Seattle in eine große Rite-Aid-Filiale. In meinem Teil Manhattans haben wir keine so riesigen Rite-Aids. Ich bilde mir immer ein, ich hätte eine Schwäche für große Läden. So lange, bis ich einen betrete. Nachdem ich mich fünf Minuten lang vor einem allem Anschein nach endlosen Regal hilflos und orientierungslos gefühlt hatte, verließ ich den Laden mit einer Tüte, die zehn dunkelgelbe Bleistifte mit Radiergummikappe enthielt. Die ich selbstverständlich bezahlt habe.

Spandex House

Ich gehe oft von SoHo, wo ich wohne, in einen Teil von Midtown, den ich über alles liebe. Der Spaziergang dauert dreißig Minuten, und in dieser Zeit sehe ich meinem Ziel immer aufgeregter entgegen. Mein Ziel ist Spandex House an der 38th Street zwischen der Seventh und der Eight Avenue. Spandex House darf man nicht verwechseln mit Spandex World oder Spandex Hub, die sich beide ebenfalls an der 38th Street befinden. Spandex House ist das Herzstück von New Yorks ehemals blühendem Modeviertel, dem Garment District.

Vor fünfzig Jahren war der Garment District von New York das Zentrum der Bekleidungsindustrie Amerikas. Siebzig Prozent aller Damenbekleidung und vierzig Prozent aller Herrenbekleidung wurden dort angefertigt.

Der Garment District befindet sich ungefähr zwischen Fifth Avenue und Ninth Avenue, zwischen der 34th Street und der 42nd Street. Heute heißt er Fashion District. Viele bekannte Modefirmen haben dort noch immer Ateliers, Büros und Showrooms. Und es gibt dort immer noch einige der interessantesten Läden der ganzen Stadt. Läden, die alles anbieten, womit man jedes erdenkliche Kleidungsstück nähen, verschönern, schmücken oder dekorieren kann. Bedeutende Designer und Schneider tummeln sich in diesem Viertel.

Ich kann nicht nähen. Überhaupt nicht. Ich kann nicht einmal einen Knopf annähen. Ich markiere sorgfältig die Stelle, an der ich den Knopf annähen will. Ich vergewissere mich, dass ich die Nadel mit dem Faden an der markierten Stelle einsteche und durch den Knopf ziehe. Vorsichtig und bedächtig nähe ich den Knopf an. Und dann bin ich deprimiert. Der Knopf befindet sich unweigerlich fast einen Zentimeter von der Stelle entfernt, an der er sich eigentlich befinden sollte. Fast ein Zentimeter klingt nicht nach einer großen Entfernung, aber diese Entfernung genügt, um in dem Kleidungsstück, an dem sich der Knopf befindet, eine Falte oder eine Wölbung zu verursachen.

Für jemanden, der nicht nähen kann, unterliege ich einer unerklärlichen Faszination für sämtliches Nähzubehör. Die Straßen rund um den Garment District zählen zu meinen Lieblingsstraßen in der Stadt. Ich liebe die Geschäfte mit Stoffen und Nähzubehör. Ich finde sie seltsamerweise entspannend. Pacific Trimmings an der West 38th Street hat die wundervollste Auswahl an Reißverschlüssen. Die meisten Leute stellen sich unter Reißverschlüssen wahrscheinlich nichts besonders Schönes vor. Ich schon. Und wer Pacific Trimmings besucht, der wird mir recht geben. Es gibt Reißverschlüsse in allen Größen und Farben. Ganze Regenbogen von Reißverschlüssen hängen an den Wänden.

In dem Laden gibt es außerdem eine große Auswahl an Posamenten, Knöpfen, Schnallen, Bändern, Federn und endlosen goldfarbenen Ketten. Pailletten blenden das Auge. Wer von diesen Pailletten so gebannt sein kann wie ich, muss eine Ader für Pomp und Glitzer haben. In meinem tiefsten Inneren hege ich offenbar den Wunsch, auszusehen wie Liberace oder eine Tänzerin in Las Vegas. In der Regel kaufe ich nichts. Wenn ich nicht einmal einen Knopf annähen kann, dürfte ich keine Chance haben, einen Reißverschluss einzusetzen.

Die goldenen Ketten und der ganze Glitzerkram sind von Spandex House nicht weit entfernt. Spandex bedeutet mehr, als man meinen könnte, soweit man sich jemals Gedanken darüber gemacht hat, was die meisten noch nie getan haben. Bei dem Wort Spandex können einem Frauen in zu engen und zu bunten Röcken oder Strumpfhosen oder Oberteilen einfallen.

Oder Trapezkünstler im Zirkus. Oder vielleicht Jane Fonda in ihrem früheren Leben als Fitnesstrainerin.

Aber Spandex House ist viel mehr als nur das. Es ist ein Laden, der sich auf Stretchgewebe spezialisiert hat. Man kann dort Stretchspitze, Stretchdenim, Stretchbaumwolle, Stretchfutter und Stretchtüll kaufen. Man kann Stretchlamé und dehnbares Versteifungsband und Glitzerstretch kaufen. Und außerdem metallisches Spandex, Nylon-Spandex, Bambus-Spandex und Baumwoll-, Satin- und Lack-Spandex. Man kann auch wunderschöne einfache Stretchstoffe aus Seidenkrepp, Seide, Spitze oder Wolle kaufen.

Spandex House ist einer meiner Lieblingsläden in New York. Ich glaube nicht, dass ich mich mit diesem Eingeständnis brüsten kann. Nicht, nachdem ich gerade Liberace und Revuetänzerinnen erwähnt habe. Ich stöbere für mein Leben gern in dem Laden. Auch die anderen Kunden sind meistens sehr interessant. Es sind in der Mehrzahl entweder Eiskunstläufer oder Tänzer oder Turner oder Leute, die Kostüme für Eiskunstläufer, Tänzer, Turner, Athleten, Akrobaten und Schauspieler entwerfen.

Die Stretchstoffe sind ideal für Eisläufer, Athleten und Turner. Sie alle bewegen sich die ganze Zeit. Die meisten Leute, die hier einkaufen, bewegen sich viel oder entwerfen Kostüme für Leute, die sich viel bewegen. Bis auf mich. Ich entwerfe keine Kostüme. Und ich bewege mich nicht viel. Ich tanze nicht, fahre nicht Ski, laufe nicht Schlittschuh, schlage keine Purzelbäume und bin auch keine schnelle Läuferin. Ich gehe zu Fuß.

Ich liebe Stoffe. Ganz besonders Stretchstoffe. Sie sind so angenehm zu tragen und müssen meistens nicht gebügelt werden. Wenn ich verreise, kann ich meinen Koffer vollstopfen und muss mir trotzdem keine Sorgen machen, dass ich nicht bügeln kann oder vielleicht dort, wo ich hinkomme, gar kein Bügeleisen zur Hand habe.

In Spandex House gibt es auch andere Kundinnen, die eher zum Gucken als aus Kauflust kommen. Meistens sind es Frauen aus den Außenbezirken New Yorks. Mit diesen Frauen hatte ich mehrere Unterhaltungen, bei denen ich mich äußerst unbehaglich fühlte. Es ging immer ums Nähen. Diese Frauen können alle nähen. Wenn man mich fragt, ob dieser Tüll sich verzieht, wenn man daraus einen Ärmel näht, oder ob ein bestimmter Satin es verträgt, dass man ihn schräg zum Fadenlauf schneidet, bin ich ratlos. Ich sah mich genötigt zuzugeben, dass ich trotz der Stoffmengen, die ich kaufe, meine Kleider nicht selber nähe. Ich kann ja nicht nähen. Für gewöhnlich bin ich die einzige Kundin im Laden, die nicht nähen kann.

Seit fast dreißig Jahren entwirft und näht einer meiner Freunde meine Kleider. Graham Long hat seinerzeit sein eigenes Geschäft an der Brunswick Street in Melbourne eröffnet. Und nachdem er in Australien, Indien, Vietnam und China gelehrt hat, ist er heute Professor für Modedesign in Taiwan.

Ich habe Stoffe gekauft und sie Graham dorthin geschickt, wo er sich gerade aufhielt. Er schneidert die Kleider und schickt sie mir. Ich glaube, dass er und ich UPS und den United States Postal Service am Leben erhalten.

Hin und wieder befinden Graham und ich uns im selben Land und haben das Glück, einander zu sehen. Und ich habe das Glück, seine Kleider anzuprobieren, während wir zusammen sind. Wenn ich auf einer Lesereise bin, muss das Anprobieren schnell vonstatten gehen. Ich mag es nicht, unbekleidet gesehen zu werden, aber wenn ich mit Graham zusammen bin, ziehe ich mich im Handumdrehen aus.

Seit Jahren arbeitet Graham mit einer fantastischen Schneiderin namens Dawn. Meinetwegen wurde sie zu einer Expertin in Sachen Stretch. Ich bin ziemlich stolz auf meine Rolle in dieser Entwicklung. Unseligerweise führt Dawn seit dreißig Jahren Buch über die Veränderungen meiner Figur. Sie hat angeboten, mir die Statistiken zu überlassen. Ich habe dankend abgelehnt.

Ich trage fast immer etwas, was Graham entworfen hat. Es ist ein Glück, einen Freund wie ihn zu haben. Ich könnte es nicht ertragen, zu Hause im Sweatshirt herumzulaufen. Und ich habe in meinem ganzen Leben noch keine Jeans getragen.

Meine Mutter war immer tadellos gekleidet. Selbst beim Putzen zu Hause. Sie bohnerte den Fußboden und putzte die Küche in Seidenbluse, Plisseerock und hochhackigen Schuhen. Nachdem ihre Welt erst Risse bekam und dann, als die Nazis in Polen einfielen, endgültig barst, war meine Mutter nie wieder sie selbst. Sie konnte sich nie entspannen. Sie war immer auf der Hut. Es war, als müsste sie immer auf das Schlimmste vorbereitet sein. Das habe ich von ihr geerbt.

Ich muss immer ordentlich gekleidet sein. Ich sehe oft aus, als wollte ich ins Theater oder zum Essen gehen, wenn ich nur zu Hause herumhantiere. Aber wenn ich schreibe, dann verlässt mich das Bedürfnis, vorbereitet zu sein, auf der Hut zu sein. Dann ist es mir egal, wie ich aussehe. Ich trage weite, schlabbrige Kleidung. Ich will mich nicht eingeengt fühlen. Meinen letzten Roman, *Lola Bensky,* habe ich in einer hellen Baumwollschlafanzughose mit rosa Blümchenmuster und einem alten fleckigen braunen Baumwollhemd geschrieben, das tausend Wäschen hinter sich hat.

In dieser Aufmachung dürfen mich nur mein Mann und meine Kinder sehen. Aber als ich mit *Lola Bensky* fast fertig war, haben vier Freunde und meine jüngste Tochter mich an meinem Geburtstag auf Skype überrascht.

Ich dachte, ich würde nur mit meiner jüngsten Tochter skypen. Ich war entsetzt, als vier Freunde aus allen Teilen der Welt samt meiner Tochter auf dem Monitor meines Computers auftauchten. Ich hatte noch nie mit fünf Leuten auf einmal geskypt. Sie sagten alle so viele nette Dinge über mich und über unsere Freundschaft, aber ich war nahezu verstummt. Ich war so schockiert, in meinem alten braunen fleckigen Hemd gesehen zu werden. Zum Glück konnten sie meine Schlafanzughose nicht sehen. Im tiefsten Inneren bin ich die Tochter meiner Mutter, und seit diesem Erlebnis habe ich mich bemüht, zum Skypen immer korrekt gekleidet zu sein.

Studien zu ererbtem Stress haben seit Jahrzehnten Konjunktur. Die größte Probandengruppe sind die Überlebenden des Holocaust und ihre Kinder. Ich bin Kind nicht eines, sondern zwei Überlebender der Nazi-Todeslager. Die Studien haben gezeigt, dass die Kinder von Überlebenden des Holocaust besonders zu Symptomen neigen, die den Symptomen bei posttraumatischem Stress ähnlich sind.

Andere Studien legen nahe, dass der Völkermord in Ruanda, Nigeria, Kambodscha, Armenien und dem ehemaligen Jugoslawien in den Nachkommen der Überlebenden merkliche psychische Spuren hinterlassen hat. Kürzlich schrieb die Psychobiologin Inna Gaisler-Salomon in der *New York Times*, es gebe gute Gründe anzunehmen, dass nicht nur der Stress während der Schwangerschaft sich auf den Fötus übertragen könne, sondern auch·Stress, den die Mutter *vor* der Schwangerschaft durchgemacht hat. Das leuchtete mir ein.

Die Baumwollhose mit rosa Blümchenmuster und das braune Hemd, mit denen ich auf Skype ertappt wurde, sind zwei der wenigen Kleidungsstücke in meinem Besitz, die nicht von Graham stammen. Unsere Art der Fernschneiderei funktioniert fast immer. Manchmal hakt es im Detail. Manchmal ist etwas zu weit, zu eng, zu lang oder zu kurz. Dann gehe ich zu Shanan. Shanan ist ein Schneider an der Thompson Street. Hauptsächlich Änderungsschneider. Er hat in vielen Jahren schon alles Mögliche an meinen Kleidern geändert. Und sein Laden ist eine Art Nachbarschaftstreff. Man unterhält sich mit Bekannten und Nachbarn, denen man vorher nur auf der Straße zugenickt hatte. Und man erfährt auch ganz nebenbei, wer abgenommen hat, wer zugenommen hat, wer in Urlaub fährt oder zu einer Hochzeit eingeladen ist und – seltener – zu einer Beerdigung.

Da New York New York ist, muss ich mich natürlich damit abfinden, dass Shanan auch für die Boutiquen von Christian Dior, Hugo Boss, Prada, Armani und Dolce & Gabbana als Änderungsschneider arbeitet. Mit Prada und Christian Dior kann ich nicht konkurrieren, aber in der Regel werden meine Änderungswünsche umgehend ausgeführt.

Wenn Shanan bis über die Ohren mit Arbeit eingedeckt ist, sagt er, er sei »schrecklich voll«. Lange Zeit dachte ich, er wolle damit sagen, er leide unter Verstopfung. Ich wollte immer Mitgefühl bezeigen. Shanan ist ein reizender Mensch. Es ist unmöglich, ihn nicht zu mögen, auch dann, wenn man denkt, er würde sich zu ausführlich zu seiner Verstopfung äußern.

Einsamkeit

Für diejenigen unter uns, die sich schnell einsam fühlen, ist New York ein hervorragender Ort. Hier herrscht immer Gewimmel. Ein Gewimmel voller Lebenswärme, voller Bewegung und Zielstrebigkeit. Diese Stadt reißt einen in ihre Wärme hinein. Man kann in New York allein sein. Und dennoch nicht einsam.

Ich habe mich oft einsam gefühlt. Eigentlich bin ich überhaupt nicht einsam. Ich lebe mit einem Mann zusammen, der mich liebt. Der mich liebt, wenn ich fürchterlich aussehe. Der mich liebt, wenn ich mich unmöglich benehme. Der mich einfach liebt. Ich habe Kinder, die mich lieben. Und meine Kinder haben Kinder.

Mein Vater lebt noch. Er liebt mich. Und ich habe enge Freunde. Inmitten dieses Füllhorns von Liebe kann ich dennoch eine unendliche Einsamkeit spüren und spüre sie oft. Eine Einsamkeit, die so tief in meinem Inneren verwurzelt ist, dass sie sich ausnimmt wie ein Teil meines Kreislaufs oder meines Hörvermögens oder meiner Blutgefäße. Es ist kein gutes Gefühl.

Wenn ich mit meiner Familie oder meinen Freunden zusammen bin, spüre ich die Einsamkeit nicht. Ich male mir oft aus, ein Haus mit ein oder zwei meiner Kinder oder mit ein oder zwei Freunden zu teilen. Ich denke, das könnte die Einsamkeit lindern. Aber in unserer zunehmend mobilen und zunehmend teuren Welt hat dieser Traum wenig Aussichten auf Verwirklichung. Und vielleicht ist er ohnehin ein Hirngespinst.

Letztes Jahr habe ich meine Tochter in Seattle besucht. Am

ersten Tag meines Besuchs stand ich nach einem bis zum Geht-nichtmehr verspäteten Flug von New York und der Ankunft in Seattle um zwei Uhr morgens in der Küche meiner Tochter. Die Stimmung war angespannt. Meine Tochter, die ich über alles liebe und schmerzlich vermisse, wenn sie nicht in meiner Nähe ist, kann in der Küche ziemlich herrisch sein. Sie ist eine hervorragende Köchin und nimmt es mit allem, was in der Küche vor sich geht, sehr genau. Vor allem in ihrer eigenen Küche.

Ich beging den Fehler, sie zu bitten, nicht so herrisch zu sein.

Was folgte, waren einige Minuten eines sehr gereizten Wort-wechsels, bis ihr dreijähriger Sohn hereinkam und sagte: »Habt ihr Streit?«

»Nein, Schätzchen«, sagte sie. »Wir diskutieren nur.«

Er ging hinaus.

»Er ist doch nicht blöd«, sagte ich zu meiner Tochter. »Er weiß, dass wir streiten.«

Die gereizte Stimmung blieb. Irgendwann sagte ich ein biss-chen unüberlegt, ich könnte genauso gut nach Hause zurück-fliegen. In diesem Augenblick kam ihr Dreijähriger wieder her-ein. Mit ernster Miene. Er stellte sich vor uns hin, deutete mit dem Zeigefinger auf uns und sagte mit einer entschiedenen Geste des rechten Arms: »Ich will, dass ihr zu streiten auf-hört!« Dann drehte er sich um und marschierte aus der Kü-che.

Meine Tochter und ich begannen zu lachen. Sie entschuldig-te sich für ihr herrisches Auftreten, und ich entschuldigte mich für meine Drohung, nach Hause zu fliegen. Danach herrschte fast ungetrübte Eintracht.

Ich verbringe ziemlich viel Zeit allein. Und das ist mir ganz recht. Das sind die Zeiten, in denen ich nachdenke und die Zei-ten, in denen ich schreibe. Wenn ich schreibe, fühle ich mich überhaupt nicht einsam. Ich weiß nicht, wohin die Einsamkeit zu diesen Zeiten entschwindet.

Ich habe mich immer einsam gefühlt. Einsam und allein. Als Kind habe ich mir eine Schar von Freunden und Verwandten erfunden. Ich redete die ganze Zeit ausführlich von ihnen. Ich redete so viel von ihnen, dass alle meine Freunde von ihrer Existenz überzeugt waren. Genau wie ich selbst.

Ich habe mich oft gefragt, worin dieses Gefühl der Einsamkeit gründen mag. Liegt es an den Toten? Ich habe viele Tote. Ich bin mitten unter ihnen aufgewachsen. Tote Großeltern. Tote Onkel und Tanten. Tote Cousins und Cousinen. Als ich drei Jahre alt war, wusste ich, dass außer meiner Mutter und meinem Vater jeder, mit dem ich verwandt war, tot war. In Nazi-Todeslagern ermordet. Ich hatte so viele Tote. Ich spürte ihre Gegenwart. Ich spüre sie heute noch.

Als ich dreißig war, sagte ich zu meiner Mutter, wenn ich die Augen schlösse, hörte ich weinende Menschen. Ich war selbst überrascht, als ich das sagte. Meine Mutter war für solche Gespräche nicht sonderlich empfänglich.

Meine Mutter erstaunte mich mit ihrer Antwort. »Wir waren Displaced Persons, Vertriebene, als du auf die Welt kamst«, sagte sie. »Alle weinten. Sie weinten entweder beim Anblick eines neuen Babys, wie du eines warst, oder weil sie gerade erfahren hatten, dass ein weiterer Mensch, den sie geliebt hatten, tot war. Du wurdest in eine große Traurigkeit hineingeboren«, sagte sie. Weder sie noch ich haben dieses Gespräch jemals wieder erwähnt.

Ich vermute, der Glaube an Gott könnte einen großen Teil meiner Einsamkeit lindern. Aber ich kann mich noch so sehr bemühen und mir noch so sehnlich wünschen, gläubig zu sein, ich kann es nicht. Ich kann nicht an Gott glauben. Das ist vergiftetes Erbe meiner Eltern, die jeder für sich beschlossen haben, Gott zu entsorgen, als sie in der chaotischen und karzinomatösen Welt von Auschwitz eingekerkert waren. Mein Vater glaubt nach wie vor nicht an Gott. In seinem antireligiösen Eifer ist er nicht zu bremsen.

Ebenso wenig zu bremsen ist er in seiner Vorliebe für vollbusige Frauen. Er lernte sie bei seinem täglichen Spaziergang in der Lower East Side kennen. Es gab einen ganzen Kreis von Frauen, die ihm begeistert zuwinkten, wenn er täglich flotten Schritts seine zwei Meilen Spaziergang zurücklegte.

Diese Spaziergänge fanden ein abruptes Ende, als mein Vater stürzte, sich die Hüfte brach und operiert werden musste. Er war Anfang neunzig. Er war gestürzt, als er den neuen Hund meiner Tochter fütterte. Er war schon vorher mehrmals gestürzt, aber meine unablässigen Bitten, einen Gehstock zu benutzen, waren immer auf taube Ohren gestoßen.

Er war gestürzt, als er mit den Kindern seiner Wohnungsnachbarn im Hausflur Ball gespielt hatte. Er war aufgestanden und hatte weitergespielt. Er war von einem Lieferwagen in der Essex Street umgefahren worden und war sehr ungehalten, als der Unfallarzt sagte, er müsse ins Krankenhaus gehen. »Ich habe dir gesagt, dass es mir geht gut«, sagte er, als ich ihn anrief. Und er hatte recht. Mehrere Krankenschwestern kümmerten sich um ihn und sorgten dafür, dass er alles hatte, was er brauchte.

Nach der Operation und dem Einsetzen eines künstlichen Hüftgelenks wurden ihm zwei Pflegerinnen zugeteilt, die sich während seiner Genesung um ihn kümmern sollten. Sie wechselten sich ab, fütterten ihn, halfen ihm beim Anziehen und vergewisserten sich, dass er täglich seine Physiotherapie bekam. Beide waren vollbusig.

Nach einigen Wochen gelangte mein Vater, der immer rundlich gewesen war, zu der Ansicht, dass beide Pflegerinnen abnehmen und gesünder leben müssten. Er gab ihnen Ratschläge für eine gesündere Ernährung. Er riet ihnen, mehr Äpfel und Grapefruit und weniger Brot zu essen. Und dieser Ratschlag aus dem Mund eines Mannes, der am liebsten Chicken McNuggets und kiloweise Schokolade isst.

Er entwarf ein Gymnastikprogramm für die Pflegerinnen. Er schrieb beiden die gleichen Übungen vor. Sie bestanden hauptsächlich aus den Physiotherapieübungen, die er nach seiner Hüftoperation in der Reha-Klinik absolviert hatte.

Seine Pflegerinnen mussten sich auf sein Bett legen und die Beine in die Luft heben, zehnmal nacheinander, während er im Sessel saß und ihre Haltung und ihre Bewegungen korrigierte.

»Drücken Sie die Knie durch«, rief er in regelmäßigen Abständen. Manchmal ging die Begeisterung mit ihm durch, und er schrie seine Anweisungen. »Heben Sie das Bein höher und halten Sie das Knie gut durchgedrückt!«, schrie er mit dem Habitus und der Autorität eines gut ausgebildeten und erfahrenen Physiotherapeuten. Keiner der Frauen ließ er es durchgehen, sich vor einer Übungsstunde zu drücken.

Als die Hüfte meines Vaters geheilt war, hatten beide Frauen mehr als zehn Pfund abgenommen. »Du hast deinen Pflegerinnen physiotherapeutische Übungen aufgebrummt, wie sie nach einer Hüftgelenkoperation angebracht sind«, sagte ich zu meinem Vater, nachdem eine seiner Pflegerinnen mir erzählt hatte, wie viel besser es ihr inzwischen gehe. Mein Vater erstattete mir detailgetreu Bericht über das ganze Übungsprogramm.

»Zeigen Sie es meiner Tochter«, sagte er dann zu der Pflegerin. Sie legte sich auf das Bett und hob die Beine in die Luft. »Siehst du, wie gut sie kann machen die Übung«, sagte mein Vater voller Stolz. »Diese Übung heißt eine Kerze.«

»Strecken Sie das Bein zur Seite aus, so weit Sie können, und führen Sie es dann zurück«, sagte mein Vater zu der Pflegerin. »Jedes Bein zehn Mal.« Die Pflegerin führte die Übung gewissenhaft aus. Sie wirkte ziemlich stolz auf sich.

Nachdem die Pflegerin gegangen war, deutete ich meinem Vater gegenüber an, dass diese Übungen vielleicht nicht unbedingt das waren, was die Pflegerinnen brauchten. Schließlich hatten sie keine Hüftoperation hinter sich.

»Bist du verrückt, sieht sie nicht sehr, sehr gut aus?«, sagte er. Ich musste ihm zustimmen.

Als ich die Wohnung meines Vaters verließ, musste ich lachen. Ich konnte mir nicht vorstellen, Übungsstunden zu leiten, während ich mich von einer Operation erholte. Ich lachte fast den ganzen Heimweg über. Mein Vater überrascht mich immer wieder und bringt mich oft zum Lachen. Ich komme mir nie einsam vor, wenn ich mit ihm zusammen bin.

Weich

Eines Tages trat ich mit meinem Schwiegersohn aus der Haustür, und wir standen vor einem Tisch voller Cupcakes. Jemand verkaufte selbstgebackene Cupcakes. Da wir hier in New York sind, gab es Cupcakes ohne Mehl, glutenfreie Cupcakes und milchfreie Cupcakes. Kleine Kinder rannten aufgeregt herum.

Ein Passant mittleren Alters warf einen Blick auf die Cupcakes und auf die aufgeregten Kinder. »Glück ist mir zuwider«, sagte er, ohne sich an jemand Bestimmten zu richten. Mein Schwiegersohn freute sich sehr über diese existenzialistische Feststellung. »Es ist so eine Erleichterung, wieder in New York zu sein«, sagte er. Er lebt seit zwei Jahren in Seattle. In Seattle sind alle Leute wahnsinnig nett. Ich fand Seattle anstrengend. Es ist anstrengend, jeden anlächeln zu müssen, dem man auf der Straße begegnet, und beim Einkaufen mit den anderen Kunden plaudern zu müssen. Es gibt keine naturgegebene Notwendigkeit, zu jedermann nett zu sein. Das ist unnatürlich. Und es ist beunruhigend und nervenaufreibend.

Leider entwickelt New York sich in diese Richtung. Die einst so schroffe und abweisende Stadt ist weich geworden. Mir gefiel sie besser in den guten alten Zeiten, als jedermann sich vor New York fürchtete. Sogar die New Yorker. Als man wusste, dass die Aussichten, hinterrücks gemeuchelt zu werden, gar nicht gering waren, und man den örtlichen Drogenhändler mit nachbarschaftlichem Nicken grüßte.

Als ich vor vierundzwanzig Jahren nach New York zog, gingen Leute, die in Uptown wohnten, nie nach Downtown. Downtown galt als gefährliches Terrain. Heute wollen alle in Downtown wohnen. Und Downtown unterscheidet sich mittlerweile kaum noch von Uptown.

Früher trödelte man nicht, wenn man auf der Bowery unterwegs war. Die alte Bowery war verdreckt und trostlos, besonders bei Nacht. Da waren Unterkünfte für Obdachlose, und bedürftige Männer, die bessere Zeiten erlebt hatten, scharten sich um die Lastwagen, die ab und zu Essen für sie brachten. Es gab große brachliegende Flächen, wo Leute Abfall entsorgten und große Ratten lebten.

Ein Freund von uns, ein Maler, wohnte an der Ecke Houston Street und Bowery. Jedes Mal, wenn ich ihn besuchte und wartete, bis er von seinem Atelier im fünften Stock herunterkam, um die Haustür aufzusperren, war mir zumute, als setzte ich mein Leben aufs Spiel.

Heute gibt es an der Bowery teure Hotels, von renommierten Architekten entworfene Museen und luxussanierte Wohnungen für Leute mit Geld. An der Ecke, wo mein Freund, der Maler, wohnte, befindet sich nun der Whole Foods Market, ein Lebensmittelladen, der den ganzen Block einnimmt. Dort kann man sämtliche Lebensmittel kaufen, nach denen einem der Sinn steht, und man kann einen Kaffee trinken oder einen Kochkurs buchen. Es gibt sogar Kochkurse für Kinder.

Die Zeiten haben sich geändert. Inzwischen wohne ich in unmittelbarer Nähe zu Läden von Chanel, Armani, Louis Vuitton und Diane von Fürstenberg. Früher wohnte ich in der Nähe von kleinen Gemischtwarenläden und Delis, kleinen Cafés und Buchhandlungen. Und man wird nicht mehr angeschrien. Im alten New York musste man beispielsweise im Sandwichladen dem Kellner in Hochgeschwindigkeit seine Bestellung entgegenschleudern, sonst wurde man beschimpft. Heute haben alle Geduld. Man kann sich Zeit lassen bei der Überlegung, ob man lieber gebratene Schweineschulter oder sautierte Hühnerstückchen mit Paprikarelish und Fontinakäse für das Sandwich hätte und als Brot lieber gegrilltes Bauern-brot oder gegrilltes Roggenbrot.

Die Mordrate in New York ist auf den niedrigsten Stand seit vierzig Jahren gesunken. »Zivilisation zeichnet sich dadurch aus, dass man die Straße entlanggehen kann, ohne sich über die Schulter umzublicken«, hat unser Bürgermeister Bloomberg gesagt. Ich erinnere mich, wie ich versucht habe, unauffällig in Schaufenstern zu prüfen, ob ich verfolgt würde. »Ja, ich bin noch da«, rief mir einmal ein eher zwielichtiger Typ zu, der mir gefolgt war. Ich war zu Tode erschrocken.

Aber in diesem härteren und schrofferen New York kam ich mir ziemlich tapfer vor. Und verwegen. Ich liebe die Stadt noch immer. Sie ist eine der kulturell vielseitigsten Städte der Welt, eine der kultiviertesten und aufregendsten Städte der Welt. Aber das Leben hier ist nicht mehr so unvorhersehbar, wie es das früher einmal war. Und ich komme mir nicht mehr so tapfer vor wie früher.

Pferde

New York ist keine sehr pferdefreundliche Stadt. Die meisten Leute haben andere Dinge im Kopf als Pferde. Man unterhält sich nicht über Pferde. Niemand reitet zur Arbeit. Niemand hat es eilig, nach Hause zu kommen, um sein Pferd zu füttern.

In den letzten Monaten hat sich das allerdings geändert. Unser neuer Bürgermeister Bill de Blasio ist der Ansicht, dass der Pferdekutschenbetrieb im Central Park grausam sei. Er hat vorgeschlagen, die Pferde durch elektrisch betriebene Nachbauten alter Taxis zu ersetzen.

Das hat einen Aufruhr ausgelöst. Nicht sein Vorschlag mit den elektrisch betriebenen Nachbauten alter Taxis, den ich persönlich bizarr finde, sondern die Vorstellung, die Pferdekutschen abzuschaffen. Die Stimmen für den Kutschbetrieb erhoben sich vernehmbar. Eine kürzlich durchgeführte Befragung hat ergeben, dass vierundsechzig Prozent der New Yorker sich dafür aussprechen, die Pferde im Central Park weiter ihrer Arbeit nachgehen zu lassen.

Der Schauspieler Liam Neeson hat den Protest unterstützt. Er sagte, als Kind habe er in Irland in den Sommerferien auf Gestüten gearbeitet und er könne erkennen, ob ein Pferd sich wohlfühle. Die Pferde im Central Park, sagte er, seien glücklich und gesund. Er vertrat die Ansicht, dass die Gegner der Pferdekutschen von Immobilieninvestoren gesponsert seien, die ein Auge auf die Grundstücke der Pferdeställe geworfen hätten. Diese vier Ställe befinden sich westlich der 10th Avenue, wo Grundstücke sehr viele Millionen Dollar wert sind.

Die Kutschpferde sind nicht die einzigen Pferde in New

York, die in exklusiver Lage residieren. Zwölf Pferde der städtischen Polizei und zwanzig Polizeibeamten sind gerade dabei, in ihre neuen und luxuriösen Behausungen umzuziehen. Sie ziehen in das Mercedes House, ein neues architektonisches Vorzeigeobjekt in der Nummer 550 der West 54th Street.

Diese Pferde werden sich zweifellos wohlfühlen. Dort sollen besondere Böden verlegt werden, um ihre Beine zu schonen, man baut drei Meter hohe Eingangstore ein, eine erstklassige Ventilation, die sämtliche Gerüche hinausbefördert, und eine Klimaanlage mit Ableitung. Ihre Fress- und Waschgelegenheiten werden sicherlich nicht weniger beeindruckend sein.

Die übrigen Bewohner dieses zweiunddreißigstöckigen Gebäudes leiden keinen Mangel an Freizeiteinrichtungen. Die übrigen Bewohner sind in der Hauptsache Menschen. Sie haben ein Wellnesscenter und einen Fitnessclub, alles topmodern, zudem Parkmöglichkeiten auf dem Grundstück, Swimmingpools innen und außen, zwei große Terrassen zum Sonnenbaden und zum Bocciaspielen, Yogaräume und ein Indoor-Basketballfeld. Und sie haben ein Amphitheater im Freien, eine Saftbar, ein Spinning-Studio und Spa-Bereiche.

Die meisten menschlichen Bewohner scheinen sich nicht an dem Gedanken zu stören, demnächst Pferde als Nachbarn zu haben. Wahrscheinlich sind sie zu sehr damit beschäftigt, Boccia zu spielen oder ihre Tischtennisfertigkeiten zu vervollkommnen.

Pferde beschäftigen mich nicht besonders – außer im Mai. Im Mai entwickle ich wie aus heiterem Himmel ein gewaltiges Interesse an Pferden. An Rennpferden. Dieses Interesse teilen nicht viele New Yorker. Man sieht in New York im Mai, dem Höhepunkt der amerikanischen Rennsaison, nie Frauen mit auffallend großen Hüten. Mit Hüten, geschmückt mit Vogelfedern und Blumen oder einem Schwarm lebensgroßer silberner Kanarienvögel auf Zweigen aus Satin. Mit Hüten, wie sie nur bei Pferderennen oder königlichen Hochzeiten getragen werden.

Meine Liebesaffäre mit Pferderennen beginnt immer im Mai und endet spätestens Mitte Juni. Im übrigen Jahr kümmern Pferde mich nicht. Wobei: Einmal dachte ich im Spätsommer an Pferde, als ich erfuhr, dass eine Bekannte einen sehr reichen Mann geheiratet hatte, der auf seinem Anwesen am Meer Zwergpferde hielt. Und zwar nur zur Dekoration. Sie waren so klein, dass man nicht auf ihnen reiten konnte, und schnell laufen konnten sie auch nicht. Sie konnten auch keine Kunststücke vorführen oder wie die meisten Hunde auf Befehl gehorchen. Dieser Mann hielt auch Hühner, die jeden Tag gestriegelt und mit Shampoo gewaschen wurden. Der Schmutz, den ungepflegte Hühner machen, störte ihn.

Ich fragte mich, warum es jemanden danach gelüsten könnte, eine Herde Zwergpferde zu kaufen. Oder danach, jemanden zu heiraten, der so etwas tut. Vielleicht kann man jeder Flause nachgehen, die einem in den Sinn kommt, wenn man sehr reich ist. Ich hatte auch schon so manches sonderbare Hirngespinst. Zum Glück hatte ich nie die Mittel, eines davon zu verwirklichen.

Die Hochsaison für Pferderennen liegt in den USA im Mai und in der ersten Junihälfte; in dieser Zeit finden die drei wichtigsten Rennen für dreijährige Vollblüter statt: Das Kentucky Derby, die Preakness Stakes und die Belmont Stakes. Gewinnt ein Pferd alle drei Rennen, hat es damit die Triple Crown des amerikanischen Pferderennsports errungen.

Das ist kein leichter Sieg. Die Chance auf eine Triple Crown für ein Pferd ist geringer als die Chance einer Frau auf einen Prinzen. Alle Rennen finden innerhalb eines Zeitraums von fünf Wochen statt, und alle drei Rennen unterscheiden sich in Länge und Beschaffenheit der Rennbahn. Nur elf Pferde haben seit 1919 die Triple Crown gewonnen.

Im Mai verwandle ich mich fast in einen anderen Menschen. Jeden Tag brüte ich über dem Sportteil mehrerer Zeitungen: ein absurder Anblick für jeden, der mich kennt. Mein Mann muss auch heute noch jedes Mal wieder darüber lachen. Ich habe in Sachen Triple Crown inzwischen eine gewisse Kennerschaft erlangt.

Manche behaupten, die Pferdezucht habe sich dahingehend verändert, Geschwindigkeit und gutem Aussehen Vorrang vor Ausdauer und Durchhaltevermögen einzuräumen. Das würde erklären, warum so wenige Pferde die Triple Crown gewonnen haben. Diese Theorie hat mit der glatten und der quergestreiften Muskulatur zu tun. Die glatte Muskulatur ermöglicht den Muskeln eine Tätigkeit über einen längeren Zeitraum. Die quergestreifte Muskulatur zieht sich schnell zusammen und sorgt für Kraft und Geschwindigkeit.

Als ich zum ersten Mal davon erfuhr, fand ich die Vorstellung von glatten und quergestreiften Muskeln sehr ansprechend. Ich hoffte, auch solche Muskeln zu haben. Ich fragte meinen Physiotherapeuten, ob Menschen wie Pferde solche Muskeln hätten. Als er das bejahte, war ich begeistert. Er erklärte mir, dass das glatte Muskelgewebe für Ausdauer sorge und das quergestreifte Muskelgewebe für Geschwindigkeit. »Wenn Sie sich beispielsweise schnell vor einer Schlange in Sicherheit bringen wollen«, sagte er.

Dieser Mann ist ein hervorragender Physiotherapeut, aber mit Schlangen kennt er sich eindeutig nicht gut aus. Ich erwog, ob ich ihm sagen sollte, dass es keine gute Idee wäre, vor einer Schlange Reißaus zu nehmen. Bei schnellen und unerwarteten Bewegungen neigt die Schlange zum Zubeißen. Das weiß ich nur, weil mein Mann sich mit Schlangen auskennt. Sein älterer Bruder ist Herpetologe.

Ich entschied, dass ich meinem Physiotherapeuten sagen müsse, er solle nicht weglaufen, wenn er einer Schlange begegnete. Er solle sich auf seine glatten Muskelfasern verlassen und sich langsam und unauffällig entfernen.

Auf meine Kenntnisse in Sachen Pferderennen bin ich stolz. Ich könnte mich endlos über den Zustand der Rennbahnen bei unterschiedlichen Witterungsbedingungen, über die Länge der Rennbahnen und die Einzelheiten des Trainings verbreiten, wenn ich jemanden hätte, der mir zuhören wollte.

Ich kann mich auch über die Sprache des Rennsports auslassen. Ich liebe die Sprache des Rennsports. Sie ist rau, grob und sehr direkt. »Er ist wirklich ein begabter Reiter«, sagte ein berühmter Pferdetrainer über seinen Jockey. »Wenn man ihn in den Sattel wirft, schießt sein IQ um hundert Prozent in die Höhe.«

Und ich liebe die Namen der Pferde. Pferde haben großartige Namen. Viel schönere Namen als die meisten von uns. Pferde heißen zum Beispiel Emotional Kitten. Man stelle sich vor, man hieße Emotional Kitten. Oder Summer of Fun oder Will Take Charge oder Storm Cat, Siberian Summer oder Diamond Flame.

Die Mutter meines Freundes Kenny hat all ihren acht Töchtern ähnliche Namen gegeben. Sie heißen Maureen, Colleen, Aileen, Heleen, Doreen, Noreen, Ireen und Geraldeen. Ich habe ihn gefragt, warum er nicht Keneen heißt. Darüber habe er nie nachgedacht, sagte er.

Ich habe meinen Sohn Paris genannt. »Harry, was für ein schöner Name«, sagte mein Vater, als ich ihn aus London anrief, wo ich damals lebte, um ihm die Neuigkeit zu berichten. Sein Enthusiasmus dämpfte sich, als er erfuhr, dass der Name nicht Harry lautete, sondern Paris. »Harry ist ein schöner Name«, sagte er.

Als meine Mutter erfuhr, dass ich meine jüngste Tochter Gypsy nennen wollte, reagierte sie schnell. »Die Zigeuner hat Hitler noch mehr gehasst als die Juden«, sagte sie.

»Hitler ist also wieder mit von der Partie?«, sagte ich in meinem benommenen Zustand. Ich hatte gerade einen Kaiserschnitt hinter mir.

Paris und Gypsy kamen bisher trotz ihrer Namen unbeschadet durchs Leben. Na ja, so gut wie. Die meisten aus unserer Familie nennen Gypsy Gypo, und Paris' Schwestern nennen ihn Pari. Wenn ich Gypsy sage, ich hätte sie um ein Haar Paradise genannt, zuckt sie jedes Mal zusammen. Ich bin froh, dass ich es nicht getan habe. Von dem Namen Paradise bin ich gründlich kuriert.

Letztes Jahr habe ich ein Pferd bewundert, das Palace Malice hieß. Diesen Namen fand ich wundervoll. Ich bin mir sicher, dass es in den meisten Palästen ein gerüttelt Maß an Tücke und Bosheit gibt. Der Vater meines Vaters besaß in Lodz in Polen ein kleines Stadtpalais. Zusammen mit einem Kompagnon. Sie konnten sich nicht einig werden, wie man das Palais gerecht in zwei Hälften aufteilen konnte, und zuletzt haben sie ein zusätzliches Stockwerk obendrauf gesetzt und damit das Gebäude entstellt.

Als Palace Malice die Belmont Stakes von 2013 gewann, war ich überglücklich. Ich hatte kein Geld auf das Pferd gesetzt. Ich wette nicht bei Pferderennen. Das Wetten bei Pferderennen interessiert mich nicht. Was mich interessiert, sind die Geschichten drum herum. Ich lese alles, was mir in die Finger kommt, über die Pferde und die Jockeys und die Trainer und die Stallburschen und sogar über die Besitzer der Pferde. Diese Geschichten faszinieren mich. Sie sind direkt aus dem Leben gegriffen. Und oft Geschichten über Mühsal und Widrigkeiten. Und Liebesgeschichten.

Ich verfolge alle drei Rennen im Fernsehen. Ich schalte den Fernseher zwei Stunden vor Beginn der Rennen ein. Das ist der beste Teil. Da zeigen sie die Pferde in den Boxen und Interviews mit den Jockeys, den Trainern und den Besitzern. Wenn das Rennen beginnt, bin ich fast versteinert vor Anspannung. Ich wünsche mir so schrecklich, dass mein Favorit das Rennen gewinnt. Wenn das Rennen vorbei ist, bin ich so angespannt, dass ich kaum Luft bekomme.

Wenn mein Favorit nicht gewinnt, bin ich völlig niedergeschlagen. Es gibt niemanden, mit dem ich dieses Gefühl teilen könnte. Niemand, den ich in New York kenne, interessiert sich auch nur im Entferntesten für Pferderennen.

Die Brillen meiner Mutter

Ich stehe in meinem Arbeitszimmer und halte zwölf Brillen meiner Mutter in Händen. Es sind keine gewöhnlichen Brillen. Sie sind exotisch und mondän. Wie meine Mutter.

Meine Mutter war eine glamouröse Erscheinung, selbst zu jener Zeit, als sie in Melbourne in einer Fabrik arbeitete und wir zu dritt in einem Zimmer wohnten. Sie hatte große, verführerische Augen, hohe Wangenknochen, eine makellose Haut und Haare, deren Farbe von Mittelbraun bis Tizianblond reichte, je nachdem, welche Farbmischung sie kaufte. Ihr Ausdruck hatte immer etwas Sinnliches, außer wir waren allein zu Hause.

Sie erregte Aufsehen, egal wo. Der Metzger um die Ecke, der Fischhändler, der Bäcker und der Obst- und Gemüsehändler ließen alles stehen und liegen, um sie zu bedienen, sobald sie den Fuß in ihren Laden setzte. Ich habe ein Foto von ihr, das aufgenommen wurde, als wir in diesem einen Zimmer lebten. Sie und ihre Freundin Luba tragen auf dem Bild enganliegende schwarze Oberteile mit tiefem U-Ausschnitt. Meine Mutter hatte ein Stück Stoff geschenkt bekommen und daraus die Oberteile für sich und Luba geschneidert. Meine Mutter hält den Kopf hoch und leicht zur Seite geneigt. Luba blickt ernst in die Kamera. Meine Mutter sieht aus wie eine Mischung aus Gina Lollobrigida und Sophia Loren. Luba sieht aus wie ein Muttchen.

Ich weiß nicht, was ich mit den Brillen anfangen soll. Tragen kann ich sie nicht. Ich sehe weder aus wie Gina Lollobrigida noch wie Sophia Loren.

Ich stieß auf die Brillen bei meinem Vorhaben, die Schubladen in meinem Arbeitszimmer aufzuräumen. Ich wusste, dass ich die Brillen meiner Mutter besaß, aber ich wusste nicht, dass es zwölf Stück waren. Es ist oft ein Fehler, Schubladen aufzuräumen.

Ich wollte die Schubladen aufräumen, weil mein Mann und ich mit dem Gedanken spielten, unsere Wohnung unterzuvermieten, solange ich an einem langen Roman schrieb, der mir seit Jahren im Kopf herumspukte. Die eigene Wohnung in New York zu vermieten, ist ein vernünftiger Schritt, wenn man wie ich unregelmäßige und oft spärliche Einkünfte hat. Noch vernünftiger sogar, wenn man wie ich mit einem bildenden Künstler verheiratet ist.

Ich wollte den Roman an einem ruhigen Ort schreiben. Er handelt von zwei alten Männern und spielt in der Lower East Side und in Shanghai. Keiner dieser Orte ist ruhig. Ich wollte den Roman auf Shelter Island schreiben, einer kleinen Insel in neunzig Meilen Entfernung östlich von Manhattan. Mir ist klar, welche Ironie darin liegt, auf einer sehr ruhigen Insel über zwei sehr laute Städte zu schreiben.

Rhythmus und Tempo des Alltags auf Shelter Island lassen sich dem Polizeibericht des *Shelter Island Reporter* entnehmen, der Wochenzeitung der Insel. Vor nicht allzu langer Zeit meldete der Polizeibericht, es seien Schecks mit ungenügender Deckung gemeldet worden. Am selben Tag hatte ein Anrufer der Polizei mitgeteilt, dass ein Waschbär in einem Abfalleimer schlief, unmittelbar neben einem Baseballfeld, auf dem Kinder spielten. Die Polizei fing den Waschbären ein, um ihn später wieder freizulassen. Am Tag darauf meldete eine Anruferin, ein unbekannter Autofahrer habe sie geschnitten und von der Straße abgedrängt. Die Polizei suchte den Tatort ab, doch ohne Ergebnis. Später am selben Tag wurden zwei Gänse gemeldet, die den Verkehr auf der Congdon Road behinderten. Die Polizei vertrieb die Gänse von der Straße. Am 12. Mai wurde ein Schwan auf einer Straße gemeldet, doch als die Polizei eintraf, hatte er schon das Weite gesucht. Auf dem Squashplatz eines Grundstücks wurde am 8. Mai ein Alarm ausgelöst. Die Polizei suchte Grundstück und Umgebung ab. Es war nichts Verdächtiges festzustellen. In der Zusammenschau können einem diese Nachrichten ganz schön aufregend vorkommen.

Ich setze eine der Brillen meiner Mutter auf. Ich kann nichts sehen. Die Gläser sind so dick. Ich kann mir nicht vorstellen, wie meine Mutter mit solchen Gläsern sehen konnte. Oder besser gesagt, wie sie ohne sie sehen konnte.

Sie weigerte sich, beim Autofahren eine Brille zu tragen. Ich sagte, ich würde nicht zulassen, dass meine Kinder in ihrem Auto mitfuhren, wenn sie keine Brille aufsetzte. Sie war außer sich vor Zorn. Ich hatte zweimal gesehen, wie sie auf die falsche Fahrspur geriet, als sie nach rechts in die Acland Street abbiegen wollte, wo sie den Großteil ihrer Einkäufe machte. Glücklicherweise war es nur eine Strecke von vier Häuserblocks von ihrem Zuhause zur Acland Street.

Meine Mutter verpasste die ersten fünf Minuten jedes Films, den sie sich im Kino ansah. Und den Schluss verpasste sie auch oft. Sie wartete, bis die Freunde, mit denen sie und mein Vater jeden Samstagabend ins Kino gingen, ganz auf den Film konzentriert waren, bevor sie verstohlen ihre Brille aufsetzte. Und sie setzte sie schnell ab, bevor der Film zu Ende war.

Meine Mutter konnte es einfach nicht ertragen, mit Brille gesehen zu werden. Damals spukte in allen Köpfen herum, was Dorothy Parker auf den Punkt brachte: »Vor der Brillenschlange ist den Männern bange«. Aus dem Mund eines Politikers wäre das heutzutage glatt politischer Selbstmord.

Vor meiner Mutter war den Männern nicht bange. Sie umschwärmten sie. Und das gefiel ihr. Sie hätte es vermutlich entschieden von sich gewiesen, aber sie flirtete gern. Sie sah zu den Männern durch einen Vorhang aus dichten getuschten

Wimpern kokett auf. Mein Vater störte sich nicht daran. Er war stolz auf die Schönheit meiner Mutter. Er hat mir oft erzählt, dass sie das schönste Mädchen von ganz Lodz war, der Stadt in Polen, in der beide geboren sind.

Mein Vater verliebte sich auf den ersten Blick in meine Mutter. Er war damals neunzehn, sie stand kurz vor ihrem dreizehnten Geburtstag. Er entstammte einer wohlhabenden Familie und war ein kleiner Playboy. Er liebte Eiscreme und er liebte junge Mädchen. Meine Mutter war ein stilles, fleißiges Mädchen. Sie war jedes Jahr Klassenbeste. Sie kam aus einer sehr armen Familie, und um ihre Schulbücher bezahlen zu können, gab sie anderen Schülern Nachhilfe.

Sie interessierte sich nicht für meinen Vater. Sie wollte Kinderärztin werden. Sie wünschte sich keinen Freund. Sie wünschte sich keinen Ehemann. Seit ihrem achten oder neunten Lebensjahr wünschte sie sich, Ärztin zu werden. Aber mein Vater gibt nicht so leicht auf. Er war hartnäckig hinter meiner Mutter her. Als das nichts fruchtete, machte er sich daran, die Mutter meiner Mutter zu umgarnen. Und war damit erfolgreich – durch unerwartete Umstände.

Nicht lange nach dem Einmarsch der Deutschen in Polen wurden alle Juden von Lodz gezwungen, ihre Häuser zu verlassen, und wurden im Ghetto von Lodz eingesperrt. Die Mutter meiner Mutter nahm irrtümlicherweise an, meiner Mutter werde es besser ergehen, wenn sie in die sehr wohlhabende Familie meines Vaters einheiratete.

Meine Mutter und mein Vater heirateten. Meine Mutter begann ihr Eheleben im Ghetto von Lodz, und das junge Paar teilte ein Zimmer mit den Eltern meines Vaters, die meiner Mutter nicht besonders sympathisch waren. Da war sie siebzehn Jahre alt.

Ich zeigte die Brillen meiner Mutter einer Freundin. »Oh, deine Mutter muss wahnsinnig schön gewesen sein«, sagte sie.

Es ist merkwürdig, dass eine Sammlung unbelebter Gegenstände die Schönheit ihres längst verstorbenen Besitzers widerspiegeln kann. Ich mag das Wort »verstorben« nicht. Es besagt nichts von der anhaltenden Gegenwart der Menschen, die gestorben sind.

Ich spüre die Gegenwart meiner Mutter mit aller Deutlichkeit. Ich führe oft im Geist Dialoge mit ihr. Ich weiß, was sie gutheißen und was sie ablehnen würde. Ich weiß, worauf sie stolz wäre. Sie fehlt mir. Sie fehlt mir in allen gewichtigen Momenten meines Lebens. Bei den Hochzeiten meiner Kinder. Den Geburten der Kinder meiner Kinder. Ich wünschte, sie hätte miterleben können, was für eine große Familie wir im Lauf der Zeit wurden.

Jahrzehnte nach dem Tod meiner Mutter tauchten ihre Augen im Gesicht eines kleinen Mädchens auf. Bei der Tochter meines Sohns. Sie ist eine wunderschöne Ausgabe meiner Mutter mit blauen Augen und blonden Haaren. Dieses kleine Mädchen hatte die Augen meiner Mutter. Doch etwas war anders. In diesen Augen war kein Misstrauen, kein Entsetzen, keine Todesangst, keine Besorgnis. All das war verschwunden. Ich musste weinen, als ich die Augen des kleinen Mädchens zum ersten Mal sah.

Meine Mutter fehlt mir. Sie fehlt mir seit dem Tag vor achtundzwanzig Jahren, an dem sie starb. Ich habe Glück. Meine Kinder können sich an sie erinnern. Und auch mein Ehemann. Und einige meiner Freunde. Mit Menschen, die sie gekannt haben, über meine Mutter zu sprechen erweckt sie für mich wieder zum Leben.

Ich kann mir meine Mutter nicht als alte Frau vorstellen. Sie starb mit vierundsechzig Jahren und sah Jahre jünger aus. Ich erinnere mich an den Anblick ihrer Beine, als sie wegen des Krebsgeschwürs, das sie umbringen sollte, kurzfristig in der Klinik war. Ihre Beine waren gebräunt und glatt und fest. Es waren die Beine einer Dreißigjährigen. Wie konnten ihre Beine so aussehen nach all den Nöten und Qualen, die sie durchgemacht hatte? Meine eigenen Beine sehen aus, als hätten sie weitaus mehr durchmachen müssen.

Wenn man mit über vierzig, fünfzig oder gar sechzig sagt, die Mutter fehle einem, kommt man sich ein bisschen dämlich vor. Ich glaube, viele Leute finden, irgendwann sollte man dieses Gefühl überwunden haben. Aber ich weiß, dass ich es nie überwinden werde.

Wenn ich die Brillen meiner Mutter in Händen halte, ist mir zumute, als hielte ich einen Teil von ihr in Händen. Ich muss einen sicheren Ort für diese Teile meiner Mutter finden. Die Brillen müssen seinerzeit todschick gewesen sein. Jeder von ihnen sieht man an, aus welchem Jahrzehnt sie stammt. Es gibt die aus den Fünfzigern, die aus den Sechzigern und die aus den Siebzigern. Jede Brille gehört ganz unmissverständlich in ihre Zeit.

Meine Mutter war ihrer Zeit voraus. Sie benutzte Nahrungsmittel zur Körperpflege. Als Haarfestiger benutzte sie Bier. Bier ist ein hervorragender Haarfestiger. Mit Bier kann man die Haare sehr wirksam in Wellen legen oder glätten. Solange man nicht zu freigebig mit dem Bier ist. Nimmt man zu viel Bier, knistern die Locken oder Wellen bei Berührung.

Meine Mutter benutzte auch Gurkenschale, um die Augenpartie zu erfrischen, und rührte ihre eigene Gurkengesichtsmaske aus zerstampftem und durchs Sieb getriebenem Gurkenfleisch, Zitronenschale und Glyzerin an. Heute kann man keine Gesichtscreme, kein Haarshampoo und kein Gesichtswasser kaufen, die nicht eine ganze Vorratskammer von Aprikosen, Pfirsichen, Mandeln, Hafermehl oder irgendwelchen anderen Kräutern und Gemüse enthielten.

Um die Ecke von meiner Wohnung wurde neulich ein sehr schickes vegetarisches oder veganes Restaurant eröffnet – das dachte ich zumindest. Zu meiner Bestürzung stellte ich fest, dass es sich um einen Laden mit Hautpflegeprodukten handelt. Meine Mutter hätte das amüsiert. Und wahrscheinlich hätte sie es gutgeheißen.

Ich frage mich oft, ob New York ihr gefallen hätte. Ich glaube, die Aufregung und der Glamour hätten ihr gefallen. Es hätte ihr gefallen, sich modisch zu kleiden. New York ist eine Stadt, in der man nicht anders kann, als sich schick anzuziehen. Meine Mutter, die eine ausgezeichnete Köchin war, hätte auch darüber gestaunt, dass unter den jungen, hippen New Yorkern die jüdischen Speisen, die sie so gut kochte, neuerdings so beliebt sind.

In meiner Jugend wollten wir jüngeren Juden nichts mit dem jüdischen Essen zu tun haben, mit dem wir aufgewachsen waren. Niemand, den ich kannte, bereitete gehackte Leber oder marinierten Hering zu. Wir schwärmten für Hühnersuppe und überbackene Zwiebelsuppe, die mit Croutons und Käse serviert wurde. Oder für Vitello tonnato, kalte dünne Scheiben gekochten Kalbfleischs in sahniger Thunfischsauce. Ich erinnere mich, dass ich Fasan in Champagner kochte. Fasan? Wofür hielt ich mich? Für ein Mitglied der britischen Aristokratie?

Mit der Welle neumodischer jüdischer Restaurants haben sich viele traditionelle jüdische Gerichte verändert. Bei Kutsher's in Tribeca zum Beispiel werden die Latkes, die Kartoffelkuchen aus roh geriebenen Kartoffeln, mit Kaviar und saurer Sahne serviert. Und der Gefilte Fisch, für den früher Karpfen oder Weißfisch verwendet wurde, wird dort mit Heilbutt aus Wildfang zubereitet. Den marinierten Hering begleiten Wasabi, Yuzu (eine japanische Zitronenart) und Peperoni. Dennoch kommt einem alles noch jüdisch vor.

Immer mehr Restaurants spezialisieren sich auf solche modernen Varianten traditioneller jüdischer Gerichte. Allein in

Downtown Manhattan gibt es das Balaboosta in der Mulberry Street, Jezebel am West Broadway und Joe Dough an der First Avenue. Ich glaube, meine Mutter wäre fasziniert gewesen. Und sehr zufrieden.

Ich hätte sie gern zu Ben's Kosher Deli an der 38th Street mitgenommen, einem der alten, traditionellen Delis. Es lohnt sich, Ben's zu besuchen, nicht nur wegen des ausgezeichneten gefüllten Kohls und der mehr als gefüllten Sandwiches, die meine Mutter sicher überfordert hätten. Es lohnt sich allein wegen der Geschmacklosigkeit der Werbeslogans. Meine Lieblingsslogans sind: »Das Gänsefleisch bei Ben's macht niemandem Gänsehaut« und »Unser Cornedbeef wird nach Hausrezept gepökelt. Fragen Sie nie woanders danach, sonst werden Sie angepöbelt.«

Ich beschließe, die Brillen meiner Mutter in der Schublade in meinem Arbeitszimmer zu lassen, wo sie schon seit Jahren liegen.

Mir fällt auf, dass die Gläser einer der Brillen, einer Brille aus den Sechzigerjahren mit geschwungenem und verziertem Metallgestell, schmutzig aussehen. Ich hole ein Brillenputztuch, aber ich kann die Gläser nicht reinigen. Ich kann sie nicht reinigen, weil meine Mutter sie vielleicht als Letzte in der Hand hielt und ihre Fingerabdrücke sich noch darauf befinden könnten. Meiner Mutter wäre es lieber, wenn sie sauber wären, denke ich. Und dann wird mir klar, dass meine Mutter schon lange keine Vorlieben mehr für irgendetwas haben kann. Ich bin bedrückt.

Ich beschließe, eines ihrer typischen Gerichte zu kochen, ihre Fleischklopse aus Kalbfleisch und Rindfleisch in Tomatensauce.

Wie man sich bettet

Mein Mann hat keine Probleme mit dem Einschlafen. Ich schon. Ich fange an zu plaudern. Aber was ich auch sage, es ist nicht das, was mein Mann gerne hören würde. Jedenfalls nicht spätnachts und im Bett. Manchmal schleiche ich mich in unser Gästezimmer und lese dort, bis ich einschlafen kann.

Immer mehr Amerikaner entscheiden sich für getrennte Schlafzimmer. Die National Association of Home Builders hat prognostiziert, dass bis zum Jahr 2015 mehr als sechzig Prozent aller Einfamilienhäuser zwei Schlafzimmer haben werden. Ein Architekt wurde zitiert, der sagte, Leute, die sich kein zweites Schlafzimmer leisten könnten, hätten oft in einer Zimmernische oder im Wohnzimmer eine kleine Liege. Mit ihrem Liebesleben habe das nichts zu tun, erklärten die meisten Befragten, sondern mehr mit Schnarchen und anderen Schlafstörungen.

»Das Schnarchen war es nicht allein«, sagte eine Frau über das Schlafen neben ihrem Ehemann. »Er kann es nicht ertragen, die Bettdecke auf den Füßen zu haben. Und ich muss die Füße unter der Decke haben.« Diese Information faszinierte mich. Ich kann auch keine Decke auf den Füßen ertragen. Und, wie ich vor kurzem herausfand, mein Vater ebenfalls. Vielleicht ist so etwas erblich.

In New York, einer Stadt, die dem Trend stets vorauseilt, haben immer mehr Paare nicht nur getrennte Schlafzimmer, sondern sogar getrennte Wohnungen. Meine Freundin Antonia wohnt im selben Haus wie ihr Ehemann. Die Eingänge zu ihren Wohnungen liegen an unterschiedlichen Straßen. Sie und ihr Mann Harry sind seit über zwanzig Jahren verheiratet und haben noch nie zusammengewohnt.

»Ich liebe meine Wohnung«, hat Antonia mir oft gesagt. »Ich kann sie genau so einrichten, wie es mir gefällt. Ich kann ins Bett gehen, wann es mir passt, und im Fernsehen das ansehen, was ich sehen will. Harry und ich telefonieren die ganze Zeit miteinander. Wir gehen zusammen ins Kino, zum Abendessen und ins Theater. Das ist eine viel romantischere Lebensweise.« Das Wort »romantisch« hat sie auf eine Weise betont, die Sex impliziert. Guten Sex.

Im Wartezimmer meines Augenarztes habe ich eine junge Frau kennengelernt, die auf der Suche nach zwei Wohnungen war, eine für sich und eine für ihren Verlobten. Sie hoffte, die Wohnungen zu finden, bevor sie heiraten würden. »Ich habe mir Wohnungen im selben Haus gewünscht«, sagte sie. »Aber das war so aussichtslos, dass ich inzwischen nach Wohnungen in derselben Straße suche.«

Wartezimmer können in New York sehr aufschlussreich sein. Was nicht schlecht ist, denn das Warten kann oft ziemlich lange dauern. Ich fragte die junge Frau, warum sie nicht in einer Wohnung mit ihrem zukünftigen Ehemann leben wollte.

»Ich will nicht, dass er mich hört oder sieht, wenn ich mir die Zähne putze oder wenn ich aufs Klo gehe«, sagte sie. »Ich will nicht, dass er jedem meiner Telefongespräche zuhören muss oder zusehen muss, wie ich mir überlege, was ich zur Arbeit anziehen soll. Und ich will nicht seine Telefongespräche mit seiner Mutter oder seinen Freunden hören. Ich will nicht zusehen, wie er sich die Zähne putzt oder mit Zahnseide reinigt. Ich will nicht seine Wäsche waschen und nicht seine Sachen bügeln.«

Ich hatte nicht gewusst, dass es in New York noch Leute gab, die ihre Sachen selbst bügelten. In dieser Stadt wimmelt es von Reinigungen und billigen Wäschereien. »Bügeln Sie Ihre eigenen Sachen?«, fragte ich. Das ist eine Frage, die man in einem Wartezimmer stellen kann, während sie in jedem anderen Zusammenhang aufdringlich klingen könnte.

»Ich habe keine Sachen, die man bügeln muss«, sagte sie. »Und ich bin ziemlich unordentlich«, fügte sie hinzu. »Mein Verlobter ist total pingelig. Meine Unordnung macht ihn wahnsinnig. Wir sind zum Essen, Fernsehen und Rummachen immer bei ihm.« Das Wort »rummachen« sagte sie ganz beiläufig. Niemand in dem vollen Wartezimmer sah auf.

Die junge Frau zählte gerade eine lange Liste von Dingen auf, die sie in ihrer Ehe nicht haben wollte, als der Augenarzt mich aufrief. »Ich liebe ihn wahnsinnig«, rief sie mir nach.

Wetter

In New York reden alle ständig über das Wetter. Das Reden über das Wetter schweißt sogar Fremde zusammen. Gespräche über das Wetter sprengen die Grenzen von Alter, gesellschaftlichem Rang und Herkunft.

Auch ich schätze ein gutes Gespräch über das Wetter. Allerdings habe ich mich vor dem Wetter immer gefürchtet. Das Wetter ist für mich zu unvorhersehbar, zu unzuverlässig. Das Wetter macht mich nervös.

In den USA herrscht immer irgendwo grauenhaftes Wetter, oft mit tödlichen Auswirkungen. Dunkle Wolken ballen sich zusammen, und Tornados rasen über das Land, begleitet von Blitzen. Geographie ist nicht meine Stärke. Karten zu lesen fällt mir schwer. Deshalb weiß ich nie so recht, wie weit ich von dem nahenden Tornado entfernt bin oder von den Fluten, die Landstraßen in Flüsse verwandeln, oder von den Hagelkörnern in Golfballgröße oder von den Winden mit sechzig Meilen Stundengeschwindigkeit oder von den angekündigten dreieinhalb Meter hohen Schneewehen. Steif und starr vor Angst sitze ich vor dem Wetterbericht im Fernsehen.

Die Sprache der Meteorologen finde ich gleichermaßen faszinierend wie furchterregend. Meteorologische Begriffe und Wendungen haben etwas eigenartig Menschliches. Im Wetterbericht ist oft von Depressionen, Störungen, Instabilität und Druck die Rede. Auch Begriffe wie Ruhezone, Ballungen und Komplikation haben eine meteorologische Bedeutung. Und wer hätte gedacht, dass Stürme berechenbar und unberechenbar sein können, genau wie Menschen?

Wirbelstürme sind sturmartige Windsysteme mit einer vertikalen Achse. Und genau das spielt sich bei Stress in meinen Blutbahnen ab.

Im Winter von 2013 auf 2014 war das Wetter in New York ein fast allgegenwärtiges Gesprächsthema. Es war ein erbarmungslos harter Winter mit dauergrauem Himmel, Temperaturen unter dem Gefrierpunkt und einem scheußlichen Schneesturm nach dem anderen.

Aber merkwürdigerweise – oder vielleicht war es auch gar nicht merkwürdig – sorgten die widrigen Wetterverhältnisse, Kälte und Eis und die Schwierigkeit, Berge von Schnee und Rinnsale schmutzigen Schmelzwassers zu bewältigen, für ein Gefühl der Solidarität unter den New Yorkern. Ich bin mir sicher, dass nicht wenige neue Freundschaften geschlossen wurden bei dem gemeinsamen Versuch, einen der vielen unpassierbaren Bordsteine zu überqueren.

Die Gesundheitsbehörde veröffentlichte ein Bulletin mit wichtigen Informationen zu Winterstürmen. Alles in allem waren das keine besonders guten Nachrichten. Die *Winter Weather Advisory* wiederum warnte vor winterlichen Witterungsverhältnissen, die »ernsthaftes Unwohlsein und lebensbedrohliche Umstände« mit sich bringen können. Hätte ich die Wahl, würde ich mich eindeutig für das ernsthafte Unwohlsein entscheiden.

Die *Winter Storm Watch* riet, man solle auf der Hut sein, und *Winter Storm Watching* empfahl einem, in Aktion zu treten. Ich fand es sehr nützlich, mir den Unterschied zwischen Meldungen und Warnungen bewusst zu machen. So konnte ich meine Panik den jeweiligen Informationen anpassen.

Auf dem Informationsblatt der Gesundheitsbehörde sah man das Bild einer fröhlichen jungen Frau, die Schnee von ihrer Einfahrt schippte oder so tat, als schippte sie Schnee von ihrer Einfahrt. Auf dem Kopf hatte sie eine Mütze mit drei noch fröhlicher wirkenden Bommeln. Diese Bommeln standen nicht ganz in Einklang mit schweren Beeinträchtigungen oder lebensgefährlichen Kalamitäten.

Die Gesundheitsbehörde hat auch eine Liste mit Nahrungsmitteln und unverzichtbaren Dingen herausgegeben. Es wurde darin empfohlen, einen Wochenvorrat an Trinkwasser einzulagern, zudem einen Erste-Hilfe-Koffer, eine Taschenlampe und zusätzliche Batterien, einen Sandsack oder einen Sack mit Katzenstreu, um auf den Gehsteigen das Vorankommen zu erleichtern, notwendige Medikamente und Konserven, einen mechanischen Dosenöffner, Brot, Cracker, Trockenobst und andere Lebensmittel, die man roh verzehren kann.

Mit Ausnahme der Katzenstreu hatte ich all diese Dinge vorrätig. Mein Mann sagt gern, ich hätte genug pharmazeutische Produkte im Haus, um ein kleines Krankenhaus auszustatten. Und genug Batterien, um das Krankenhaus mit Strom zu versorgen. All diese Vorräte habe ich immer zur Hand. Seit Jahren. Als der Hurrikan Sandy über New York herfiel, waren die meisten meiner Batterien natürlich leer, die Cracker waren ungenießbar, und die Konserven hatten ihr Mindesthaltbarkeitsdatum schon lange überschritten, genau wie die Arzneimittel gegen Kopfweh, gegen Übelkeit, gegen Sodbrennen und gegen Allergien.

Der Hurrikan Sandy hat vierundzwanzig Bundesstaaten in Amerika heimgesucht, mit tödlichen Auswirkungen. Die schlimmsten Schäden wurden in New Jersey und in New York angerichtet. Der Sturm fiel am 29. Oktober über New York her, überflutete Straßen, Tunnel und die Subway und sorgte für einen Stromausfall in Stadt und Umgebung.

Frühmorgens raste ich los, um Batterien und Wasser zu kaufen. Wir hatten keinen Strom, keine Heizung, kein Telefon und kein Internet. Keine öffentlichen Verkehrsmittel fuhren. Für diejenigen unter uns, die in Downtown wohnen, erinnerten die Straßen auf gespenstische Weise an den 11. September 2001.

Man spürte wieder, wie herzzerbrechend der Verlust und die Schäden und der Schmerz waren, die einer Stadt zugefügt wurden, die die meisten von uns liebten.

Ich triumphierte, als ich in Chinatown einen kleinen Laden entdeckte, der geöffnet hatte und mit einer Taschenlampe beleuchtet war. Ich kaufte eine Tüte voller Batterien und mehrere Taschenlampen. Und Wasser in Flaschen. Und ich bemühte mich, nicht in Panik zu geraten. Ich ging zur Wohnung meines Vaters in der Lower East Side. Ich wusste, dass er auch keinen Strom mehr hatte. Ich brachte ihm einige Batterien, Wasser in Flaschen, ein batteriebetriebenes Radio, zwei Decken, Dörrobst, Brot und Schokolade.

Mein Vater war damals sechsundneunzig Jahre alt. Der Aufzug in seinem Haus war außer Betrieb. Ich ging das stockfinstere Treppenhaus hinauf. In beiden Händen hielt ich Einkaufstüten, und deshalb steckte ich mir eine kleine Taschenlampe in den Mund. Jemand kam mir auf der Treppe entgegen und sagte: »Guten Tag«, aber ich konnte nicht antworten, weil mir sonst die Taschenlampe aus dem Mund gefallen wäre.

Mein Vater wirkte kein bisschen verstört. Er saß an einem Fenster und las einen seiner Detektivromane. Die fehlende Elektrizität und die fehlende Heizung schienen ihm nichts auszumachen. Er freute sich, mich zu sehen. Bis ich die Dinge auspackte, die ich ihm mitgebracht hatte.

»Was soll ich anfangen mit so viel Zeug?«, sagte er in einem mehr als verärgerten Ton. Ich versuchte es zu erklären, aber er fiel mir ins Wort. »Nimm das bitte alles mit und gib es jemanden, der es brauchen kann«, sagte er. »Vielleicht der Heilsarmee.«

»Willst du nicht einmal das Radio?«, fragte ich.

»Nein«, sagte er.

Ich tat mein Bestes, die Situation zu verschlechtern, indem ich ihm vorschlug, mit in unsere Wohnung zu kommen. Ich hatte befürchtet, das Haus, in dem er wohnte, könne wie einige andere Gebäude in der Lower East Side evakuiert werden. »Bist du verrückt?«, sagte er. »Bei dir gibt es mehr Treppenstufen als bei mir.«

Wir unterhielten uns noch ein bisschen. Kurz bevor ich ging, fragte mein Vater mich, ob ich ihm nicht einen Doughnut von Doughnut Plant an der Ecke der Grand Street besorgen könne.

»Du willst einen Doughnut?«, sagte ich.

»Ja«, sagte er. »Lieber zwei Doughnuts.«

Mein Vater hatte Doughnut Plant entdeckt, kaum dass er vor etwa zehn Jahren in New York angekommen war. In diese Doughnuts ist er vernarrt. Der Laden hat enormen Zulauf. Am Wochenende stehen die Kunden Schlange.

Vor einigen Jahren sagte mein Arzt zu mir, die Doughnut-Plant-Doughnuts seien für seine Begriffe die besten Doughnuts in New York. Ich denke nicht, dass er mich ermuntern wollte, sie zu essen, sondern dass er mir nur eine interessante Information mitteilte, wie New Yorker es oft tun.

Mein Vater sah, wie ich zögerte, als er mich bat, ihm zwei Doghnuts zu kaufen, und er erzählte mir eine sehr umständliche Geschichte über Doughnut Plant. In der Geschichte geht es kurz gesagt darum, dass der Inhaber, Mark Isreal – ja, Isreal, nicht Israel –, der Enkel Herman Isreals ist, eines Bäckers aus North Carolina, der in seiner Konditorei die Teigmischung für seine Doughnuts erfunden hat. Marks Vater Marvin hatte die Aufgabe, die Doughnuts zu glasieren.

Mark backte nachts die Doughnuts nach dem Rezept seines Großvaters in einem Souterrain in der Lower East Side. Morgens lieferte er sie mit dem Fahrrad aus. Inzwischen stellt Doughnut Plant viele Sorten von Doughnuts her, darunter Doughnuts mit Bourbon-Vanille, Doughnuts mit Meyer-Zitronen, Doughnuts mit frischen Brombeeren, Doughnuts mit

Erdnussbutter und Brombeermarmelade und Doughnuts mit Kokoscreme. Doughnuts mit Karotten, Doughnuts mit dreierlei Schokolade und Doughnuts mit Crème brûlée. In Japan hat die Kette neun Filialen.

Mir wurde klar, dass mein Vater wesentlich mehr Zeit in dem Laden verbracht hatte, als ich angenommen hatte.

»Doughnut Plant hat heute sicher nicht geöffnet«, sagte ich zu meinem Vater.

Fünf Tage später hatten wir um vier Uhr fünfundvierzig morgens wieder Strom. Die ganze Wohnung war auf einmal hell erleuchtet. Es war ein richtiger Schock. Geräte piepsten. Ich wanderte durch die Wohnung, schaltete Lichter aus und versuchte das Piepsen abzustellen. Und die ganze Zeit hielt ich eine Taschenlampe in der Hand, obwohl die Wohnung leuchtete wie ein Christbaum. Wir waren das letzte Gebiet in Manhattan, das wieder Strom hatte. Bei meinem Vater war die Stromversorgung am Tag zuvor wiedergekommen.

Später am Vormittag duschte ich ausgiebig und ging dann zu Doughnut Plant, um meinem Vater zwei Doughnuts zu kaufen.

Anwaltstätigkeit

Ich habe fünf oder sechs Jahre meiner Jugend damit verbracht, Rockstars zu interviewen. Ich habe sie nach Konzerten backstage interviewt, ich habe sie bei ihnen zu Hause interviewt, in Aufnahmestudios und in Radio- und Fernsehstudios. Ich habe Jimi Hendrix interviewt, Janis Joplin, Jim Morrison, Mick Jagger, The Who, The Mamas and the Papas, Sonny and Cher und Dutzende andere. Ich habe sie in London, New York, Los Angeles, San Francisco und Monterey in Kalifornien interviewt.

Das war Mitte der 1960er Jahre. Und es gründete darin, dass mein Vater sich wünschte, ich würde Anwältin. Er dachte, ich wäre besser als Perry Mason, der Anwalt, verkörpert von Raymond Burr, der jede Woche im Fernsehen seinen Fall gewann.

Es ist sehr schwer, sich aufzulehnen, wenn man Eltern hat, die in Nazi-Todeslagern gefangen waren; fast jeder, den sie auf der Welt liebten, war ermordet worden. Meine Rebellion war nicht geplant. Sie kam wie aus heiterem Himmel. Ich besuchte eine High School für Begabte. Ich vereitelte sämtliche Pläne, Perry Mason auszustechen, als ich Alfred Hitchcocks Film *Psycho* im Kino ansah, statt brav in meiner Abschlussprüfung zu sitzen.

Ich weiß nicht genau, wie ich mir meine Zukunft vorstellte, als herauskam, dass ich die Prüfungen geschwänzt hatte und durchgefallen war. Ich weiß nicht genau, was ich mit meinem Leben vorhatte. Ich machte mir keine Gedanken. Und *Psycho* brachte mich dabei auch nicht weiter. Es verstörte mich nur.

Mein Vater war zutiefst enttäuscht, als ich mit viel Glück und vielleicht auch durch gutes Bluffen einen Job als Journalistin ergattern konnte. Ich wusste nicht einmal, wie man Papier in eine Schreibmaschine einspannt. Für meinen Vater war Journalistin kein richtiger Job. Und ganz sicher kein Beruf. Und er war noch entsetzter, als er erfuhr, dass ich für eine Rockmusikzeitschrift arbeiten würde. Australiens erste Rockzeitschrift, *Go-Set.*

Für *Go-Set* reiste ich in jungen Jahren um die Welt. Ich interviewte Rockstars zu einer Zeit, als man sich mit ihnen ohne den heutigen Zirkus von Bodyguards, Assistenten, Managern und Presseleuten um einen herum unterhalten konnte. Ich habe Mick Jagger in seiner Wohnung interviewt, Cher hat sich meine falschen Wimpern ausgeliehen, und mit Janis Joplin habe ich mich über schwierige Mütter ausgetauscht. Es war in vielerlei Hinsicht eine so viel harmlosere Zeit.

Viele Leute glaubten, ich hätte einen tollen Job. Ich kann nur versichern, dass es alles andere ist als das, was sich Leute unter einem tollen Job vorstellen, wenn man mit Gene Pitney oder den Troggs, die damals mit »Wild Thing« in den Charts waren, herumreist und in irgendwelchen Pensionen in Nordengland übernachtet. Mein Vater fand diesen Job alles andere als spannend oder interessant. Jahrelang gab er die Hoffnung nicht auf, dass ich vielleicht doch noch Anwältin werden würde.

Die titelgebende Hauptfigur in meinem Roman *Lola Bensky* ist eine neunzehnjährige Rockjournalistin, die ihre Haare mit der heißen Lockenschere glättet und eine Menge Fragen stellt. Mick Jagger macht ihr eine Tasse Tee, und Jimi Hendrix macht ihr ein möglicherweise eindeutiges Angebot. Lola Bensky verbringt ihre Zeit damit, Diäten zu planen und Rockstars zu interviewen.

Ich war gern Lola Bensky. Und es gefiel mir, dieselben Initialen zu haben wie sie. Meine langjährige Lektorin nennt mich LB. In allen Notizen, die ich mir für den Roman machte, nannte ich Lola Bensky LB. Das war überhaupt nicht verwirrend. Ich wusste genau, auf wen LB sich bezog.

Lola Bensky spielt in der Zeit um 1967 und ist Fiktion. Aber tatsächlich habe ich alle Rockstars, die in dem Roman vorkommen, interviewt. Ich wollte ein so authentisches Porträt dieser Rockstars wie möglich zeichnen. Ich wollte sie so präzise und einfühlsam wie möglich wiedergeben.

Als mein Vater, der inzwischen achtundneunzig Jahre alt ist, das Buch in Händen hielt, war er wieder verärgert. Ich habe sechzehn Bücher geschrieben. Kein anderes meiner Bücher hat ihn so verärgert wie dieses. Es hat ihm wieder seine Träume von einer Tochter vor Augen geführt, die unter stolzer Berufung auf ihren Anwaltstitel in den Gerichtssaal schreitet und Woche für Woche jeden Fall gewinnt, mag er noch so aussichtslos erscheinen.

Psycho-Putz

New Yorker müssen clever sein. Und schnell. New York ist eine Stadt, in der alles schnell geht. Man muss clever sein, um eine Straße zu überqueren. New Yorker müssen immer geistesgegenwärtig sein. Und gewieft. Die meisten sind es. Man kann ihnen nicht so leicht ein X für ein U vormachen. Es sei denn, es geht um etwas Außergewöhnliches. Viele New Yorker haben den Ehrgeiz, mehr als nur gewöhnlich zu sein. Außergewöhnlich. Dinge, die außergewöhnlich sind, scheinen auf einen bestimmten Typus des New Yorkers großen Eindruck zu machen.

Ein neues Phänomen ist durch New York gefegt. Zu diesem Phänomen gehört eine Menge Fegen und Schrubben und Bürsten und Putzen. Dieses Schrubben und Putzen ist nicht körperlich anstrengend. Man benötigt dafür keinen Mopp, keinen Besen, keine Bürsten, keine Reinigungsmittel und kein Bohnerwachs. Es ist kostspielig. Und es setzt die Bereitschaft voraus, auf die Skepsis zu verzichten, die jedem New Yorker eigen zu sein scheint.

Überraschend vielen Leuten gelingt es, ihre Skepsis zu überwinden. Sie nehmen die Dienste von Space Clearern in Anspruch. Space Clearer reinigen Wohnungen und Büros, und zwar energetisch. Nicht materiell. Energetisch. Von Space Clearing hatte ich nie zuvor gehört. Allem Anschein nach lassen das alle möglichen Leute machen. Immobilienmakler, Rechtsanwälte und Wall-Street-Leute sind ganz wild darauf, ihre Wohnungen und Büros energetisch durchputzen zu lassen.

Manche Leute nennen die Space Clearer Psycho-Wischmopps. Klingt das so, als würde ich auf einmal Chinesisch sprechen? Für mich ja. Space Clearer reinigen das Zuhause von schädigenden und schwächenden Energieströmen, von schlechten Schwingungen und von negativen Stimmungen.

Eine der bekannteren Space Clearer ist eine frühere Anwältin, die sich eine *unverzichtbare Kammerjägerin* nennt. Mir genügt die Horrorvorstellung, die eigene Wohnung energetisch reinigen zu lassen, ohne dass ich mir auch noch Gedanken über unverzichtbare Kammerjäger machen müsste.

Das Wort *Kammerjäger* weckt in mir keine positiven Assoziationen. In Amerika wird dieses Wort häufig benutzt. Kammerjäger sind Leute, die Wohnungen und Bürogebäude von Insekten und Nagetieren und anderen Plagegeistern befreien, indem sie sie vernichten. Meine Mutter hat das Wort Vernichtung öfter benutzt, als ihr lieb war. Sie bezog sich damit auf die regelmäßigen Appelle in den Nazi-Todeslagern, bei denen bestimmt wurde, wer sofort vernichtet und wer der Vernichtung bis auf weiteres entkommen würde.

Es ist nicht billig, die Wohnung oder das Büro oder das Haus energetisch reinigen zu lassen. Und man kann es auch aus der Ferne machen lassen. Ein Haus zu reinigen, kostet dann an die 250 Dollar. Wenn man jemanden kommen lässt, um die Reinigung vorzunehmen, kostet es zwischen 350 und 2000 Dollar. Ich habe von einer Geschäftsfrau gelesen, die ihr Haus jedes Jahr zu ihrem Geburtstag energetisch reinigen ließ. »Damit löst man die ganzen Energieblockaden«, sagte sie. Energieblockaden, erklärte sie, zeigten sich darin, dass man zu Hause hockte und nicht einmal die Energie aufbrächte, ein Kissen zu verrücken. Einmal habe sie nach einem Space Clearing so viel Energie gehabt, dass sie die ganze Nacht auf war und die Wände in ihrem Haus neu gestrichen hat.

Ich bin auch einmal die ganze Nacht auf gewesen und habe meine Wände neu gestrichen. Ich war Mitte zwanzig und hatte urplötzlich die Eingebung, dass eine neue Wandfarbe toll wäre. Ich habe alle Wände in einem glänzenden Dunkelrot gestrichen.

Das war in den 1970er Jahren, und ich war nicht einmal auf Drogen. Mit dieser ziemlich düsteren Farbe musste ich jahrelang leben, bevor ich genug Energie aufbrachte, die Wände neu zu überstreichen.

Die Space-Clearing-Utensilien der früheren Anwältin sind ziemlich minimalistisch. Sie arbeitet mit einem rosa Plastikzerstäuber, der mit Leitungswasser gefüllt ist. Obwohl ich gerne jemand wäre, der für neue Ideen offen ist, leuchtet mir das Konzept einer energetischen Reinigung oder eines energetischen Hausausputzes nicht so recht ein. Und warum der Plastikzerstäuber rosa ist, darauf will ich schon gar keinen Gedanken verschwenden.

Das New Yorker Leitungswasser ist von vorzüglicher Qualität. Das weiß ich, weil ich mich für eine bescheidene Expertin in Sachen Leitungswasser halte. Ich trinke keinen Alkohol. Das hat eine lange Geschichte, die damit zu tun hat, dass meine Mutter davon überzeugt war, alle Männer in Australien gingen jeden Abend in die Kneipe, wo sie sich betranken und hinterher ihre Frauen drangsalierten, wenn sie nach Hause kamen. Ich war mit zwei Australiern verheiratet – nacheinander, nicht gleichzeitig. Und hatte mir die Warnung meiner Mutter – die ernst gemeint war – nicht zu Herzen genommen. Aber den Alkohol habe ich immer gemieden. Und deshalb trinke ich viel Leitungswasser.

Mit ein bisschen versprühtem Leitungswasser und ein paar Segnungen oder Gebeten kann ein Space Clearer offenbar das Haus oder die Wohnung von allen negativen Einflüssen befreien, die Schwingungen in den Räumen beleben und mit neuer Energie aufladen und kann sogar den Raum vergrößern, indem er mental seine Wände verschiebt.

Das New Yorker Leitungswasser ist wirklich hervorragend, aber es entspringt keiner heiligen Quelle. Jemandem eintausend Dollar dafür zu bezahlen, dass er ein paar Tropfen Leitungswasser aus einem rosa Plastikzerstäuber versprüht, hat für mich nicht den Anschein, als wäre damit ein gesundheitlicher Vorteil garantiert oder dass die Wohnung davon profitierte, ganz zu schweigen vom Wohlstand. Erst einmal würde das Bankkonto ja gewaltig darunter leiden.

Eine Freundin, die mit dem Gedanken spielte, einen Space Clearer zu engagieren, fragte ich, was sie sich davon erwartete. »Ich will, dass meine Wohnung gesünder wird«, sagte sie.

»Ich kann mir nicht vorstellen, dass Wohnungen krank werden«, sagte ich. »Ich habe noch nie von einer Wohnung mit Kopfschmerzen gehört und erst recht nicht von einer Wohnung mit Grippe oder Windpocken oder Gürtelrose.«

Ich fragte mich, ob Wohnungen wie Menschen Schmerzen und Wehwehchen haben können. Vielleicht können die Abflüsse Verstopfung bekommen und Kabel sich zerren. Ich kam zu der Ansicht, dass solche Beschwerden für den Bewohner problematischer sein dürften als für seine Wohnung.

»Die Energie in das Ungesunde an der Wohnung«, sagte meine Freundin. Ich streckte die Waffen. Gegen den Wunsch nach besserer Gesundheit kann man nichts ausrichten.

Sprechen

Ich habe den Eindruck, dass die Leute in New York immer seltener telefonieren. Vor der Erfindung des Smartphones, als gewöhnliche Mobiltelefone nicht viel mehr boten als die Möglichkeit, mit jemand anderem zu sprechen, telefonierten alle um die Wette.

Man telefonierte ständig miteinander. Auf der Straße, im Bus, im Zug. Anfangs war das etwas befremdlich. Es waren die frühen Neunzigerjahre, und bis dahin hatten die einzigen Personen, die auf der Straße Gespräche mit unsichtbaren Teilnehmern führten, in der Regel mit sich selbst gesprochen. In den Siebzigerjahren hatte die Stadt New York viele ihrer psychiatrischen Kliniken aufgelöst. Viel zu viele Menschen, die Hilfe gebraucht hätten, waren sich selbst überlassen und wanderten die Straßen entlang, oft in fiebrige und erbitterte Selbstgespräche verwickelt.

Nach und nach veränderte sich die Stadt. Auf der Straße sah man weniger verstörte Obdachlose und mehr Leute mit Mobiltelefonen. Auf den Straßen wimmelte es von Leuten, die redeten. Leute, die einander anriefen, um Probleme zu erörtern, Pläne zu schmieden, ihre Liebe zu erklären. Tag für Tag konnte man interessante Gesprächsfetzen mit anhören. Und daran, dass die vielen Gespräche über Therapeuten und Therapien Gesprächen über Essen und Restaurants wichen, konnte man den sich verändernden Zeitgeist ablesen.

Inzwischen sprechen alle mit den Fingern. Ich habe nichts gegen SMS, E-Mails und andere Möglichkeiten elektronischer Kommunikation. All das macht Spaß, ist oft unverzichtbar und rettet manchmal sogar Leben. Ich liebe die Unmittelbarkeit von Textbotschaften. Über Kontinente hinweg. Und ich liebe diese ganzen Geräte. Es ist mir ein bisschen peinlich, aber ich besitze ein Smartphone, ein iPad, ein iPad mini und einen Laptop.

All diese Dinge ermöglichen uns, miteinander in Kontakt zu sein. Sie erlauben uns aber auch, uns zu verstecken. In einer E-Mail kann ich heiter klingen, obwohl ich niedergeschlagen bin. Am Telefon würde man hören, dass ich deprimiert bin.

Mir fehlt der ungeschminkte, weniger kontrollierte Austausch am Telefon. In SMS oder E-Mails kann man viel besser vermeiden, dass die Kommunikation in eine unvorhergesehene Richtung läuft. Telefongespräche folgen keiner vorgegebenen Agenda. Sie können mitten ins Unerwartete führen. Selbst in verhältnismäßig langen E-Mails sind die Chancen gering, dass man seine Deckung verlässt.

Läse man die Transkription eines halbstündigen Telefongesprächs, würde man staunen, wie viel gesagt wird, wie viel enthüllt wird, verstanden wird und unübersehbar wird. Am Telefon kann man einen Ausdruck oder seinen Ton nicht löschen oder zurücknehmen. Aber es ist ziemlich schwer, aus einer unauffälligen Formulierung in einer E-Mail oder SMS etwas herauszuhören.

Niemand sagt mehr: »Ruf mich an« oder »Ich rufe dich an«. Man sagt nur noch: »Schick mir eine Mail« oder: »Ich schick dir eine Mail«. Als Teenager habe ich mit meiner besten Freundin stundenlang telefoniert. Das trieb meinen Vater an den Rand des Wahnsinns. Da meine beste Freundin und ich uns schon den ganzen Tag in der Schule gesehen hatten, konnte mein Vater nicht nachvollziehen, was um Himmels willen wir immer noch zu besprechen hatten. Aber es ist nun mal so, dass es immer noch etwas zu besprechen gibt.

Wenn ich jemanden in New York anrufe, dann meist nur, um mich über eine zu hohe Arztrechnung zu beschweren oder

einen Termin auszumachen. Meistens Arzttermine, Zahnarzt-
termine oder Friseurtermine. Ich rufe selten Freundinnen an,
um mit ihnen zu plaudern. Ich habe zwar oft Lust dazu, aber
dann überkommt mich eine Art Lähmung und ich bringe es
nicht über mich.

Die New Yorker bilden sich viel auf ihren Dauerstress ein.
Wenn man in New York jemanden anruft, um einfach bloß
mal wieder Hallo zu sagen, gilt das als unausgesprochenes Bekenntnis, dass man nichts zu tun hat. Dass man eindeutig
nicht gestresst ist. New Yorker haben eigentlich immer etwas
zu tun. Was natürlich gar nicht sein kann. Aber gestresst zu
wirken scheint mir zum Selbstverständnis eines New Yorkers
zu gehören. Ich weiß nicht, warum es so wichtig ist, immer gestresst zu wirken.

Wenn ich an einem Buch arbeite, gibt es lange Zeiträume,
in denen ich nicht nur niemanden anrufe, sondern auch nicht
ans Telefon gehe, sofern der Anrufer nicht mein Vater ist oder
eines meiner Kinder. Wenn man zu Hause arbeitet, wird man
leichter zum Einsiedler. Ich arbeite seit Jahrzehnten zu Hause.
Als ich das letzte Mal in einem Büro gearbeitet habe, war ich
einundzwanzig.

Wenn ich schreibe, kann ich tagelang mit niemandem sprechen. Ich simse meinem Mann, was ich gerade mache. Zum
Beispiel: »Bin beim Lunch« oder »Werde mich zum Abendessen verspäten«. Sein Atelier ist keine dreißig Meter von meinem Arbeitszimmer entfernt.

Abends habe ich gerne Ruhe. Oft dauert es eine Weile, bis
ich mich geistig aus dem entwirrt habe, was ich gerade schreibe. Mein Mann hat dafür Verständnis. Und er hat auch Verständnis für mein unerklärliches Bedürfnis, nach dem Abendessen fernzusehen, wenn ich mitten in cinem Buch stecke.

Ich mag Fernsehserien, die nicht gerade auf höchstem Ni-
veau angesiedelt sind. Meistens sehe ich britische Serien. Ich

würde sie den wenigsten meiner Bekannten empfehlen. Vor einigen Jahren habe ich mir gefühlt hunderte Folgen von *Inspektor Barnaby* angesehen. Ich weiß gar nicht mehr, woran ich damals schrieb. Ich weiß nur noch, dass ich mir einen Mordfall nach dem anderen ansah und danach ins Bett ging.

Zurzeit sehe ich *Call the Midwife*. Und finde es großartig. In jeder Folge werden mindestens zwei bis drei Babys zur Welt gebracht. Das ist sehr befriedigend. Mein Mann zieht sich oft in sein Atelier zurück, weil in jeder Folge viel geschrien und gepresst wird. Ich konnte ihn nicht davon überzeugen, dass das eine ausgezeichnete Serie ist, *Inspektor Barnaby* haushoch überlegen.

Sobald ich ein Buch beendet habe, sehe ich mir keine Serien mehr an. Wenn ich ein Buch beende, dauert es eine Weile, bis ich mich wieder im Alltagsleben zurechtfinde. Ich war so lange in meiner eigenen Welt vergraben, dass die Außenwelt mir unvertraut geworden ist. Und ich war so lange still gewesen. Das macht es noch schwerer, zum Telefon zu greifen.

Wenn ich nicht schreibe, telefoniere ich mit Freundinnen. Meistens mit Freundinnen, die in anderen Ländern leben. Mit vier oder fünf Freundinnen unterhalte ich mich regelmäßig. Sie leben in Shanghai und Sydney und Melbourne. Diese Telefongespräche dauern in der Regel ein bis zwei Stunden. Mein Rekord liegt bei drei Stunden. Manchmal tat mir nach diesen Telefonaten der Arm weh. Inzwischen telefoniere ich mit einem Headset. Ich habe nur dreiundzwanzig Jahre gebraucht, um auf diese Lösung zu kommen.

Wenn ich nach einem dieser Gespräche auflege, bin ich so glücklich, den Kontakt aufrechterhalten zu haben, Nähe gefühlt zu haben, mich als Teil des Lebens meiner Freundinnen empfunden zu haben. Aber die Entfernung ist etwas, was man durch Anrufe nicht ganz überbrücken kann. Man muss bei den Menschen sein. In Fleisch und Blut.

Ich sah einmal einen Dokumentarfilm über Gloria Steinem, die Vorzeigefeministin der Frauenbewegung der Siebzigerjahre. Eines, was mir auffiel, war die Nähe der Frauen untereinander. Sie bildeten überall im Land Gruppen. Sie marschierten gemeinsam. Sie hatten ein gemeinsames Ziel und waren einander bedingungslos loyal.

Der Anblick von Tausenden von Frauen, die in Washington D. C. auftraten oder durch die Straßen von New York marschierten, weckte in mir die Sehnsucht nach einer solchen Gemeinsamkeit, nach einem Ziel, das man mit anderen Frauen teilt. Sie traten so einig und so leidenschaftlich für ihre Überzeugungen ein.

Diese Art von Gemeinsamkeit, von Kameradschaft, von Leidenschaft findet man heutzutage bei den Frauen nicht mehr. Natürlich hat die Gesellschaft sich verändert. Es gibt kaum noch Männer wie den Unbekannten, der in dem Dokumentarfilm Dinge sagt wie: »Ich glaube, die meisten Frauen können sich nicht richtig konzentrieren.« Oder wie den Radiosprecher Garry Moore, der sagte: »Gloria Steinem ist eine ausgesprochen attraktive Frau, aber die meisten Frauen, die ich in der Frauenbewegung sehe, könnten mich nicht einmal aus einem brennenden Gebäude locken.«

Selbst der hochgelobte Fernsehmoderator Harry Reasoner, der mit einem Emmy ausgezeichnet wurde, sagte 1971 anlässlich der ersten Ausgabe der Zeitschrift *Ms*, die Zeitschrift sei ein Flop und werde bald eingehen. »Ich sehe eine finstere, sexistische Redaktionsrunde vor mir, die um Themen ringt. Denn was bleibt übrig, wenn man Eheverträge, Rollentausch und die weibliche Identitätskrise abgehandelt hat?«

So etwas würde heute niemand mehr laut sagen. Jedenfalls nicht in der Öffentlichkeit. Die erste Ausgabe der Zeitschrift *Ms*, der man eine Lebensdauer von drei Monaten vorausgesagt hatte, war innerhalb einer Woche ausverkauft.

Selbst Präsident Nixon äußerte sich zu diesem Thema. Dan Rather von CBS fragte ihn, was er von dem Kürzel *Ms* halte. »Ich glaube, ich bin ein bisschen altmodisch, aber mir wäre Miss oder Mrs lieber«, sagte der Präsident. Auf Aufnahmen, die Jahre später freigegeben wurden, sieht man Nixon mit Henry Kissinger über Dan Rathers Frage beratschlagen. »Er hat mir eine dämliche und idiotische Frage über *Ms* gestellt, Sie wissen, was ich meine? Miss oder Ms, wer hat schon Gloria Steinem gelesen und schert sich einen feuchten Kehricht darum?«, sagt Nixon zu Kissinger.

Die Zeiten haben sich geändert. Aber nicht genug. Eine Untersuchung der Harvard University hat ergeben, dass Frauen, die als Finanzberaterinnen, Podologinnen, Ärztinnen und Chirurginnen arbeiten, als Pilotinnen, Zahnärztinnen und Buchhalterinnen, sechsundsechzig bis siebenundsechzig Prozent des Geldes verdienen, das Männer in den gleichen Berufen verdienen.

Das Women's Media Center hat kürzlich die Verfasserangaben der zehn wichtigsten Zeitungen des Landes ausgewertet und einen Männeranteil von dreiundsechzig Prozent festgestellt. Unter den Empfängern des Pulitzer-Preises für Journalismus im Jahr 2014 war nur eine Frau.

Vielleicht könnten wir das Gefühl der Vertrautheit und Gemeinsamkeit wieder entzünden und engere Bindungen und gemeinsame Ziele entwickeln, wenn wir öfter miteinander sprächen, einander öfter sähen. Ich werde gleich ein paar meiner weiblichen New Yorker Bekannten anrufen.

Suchen

New York hat viele Synagogen. Allein in Manhattan gibt es
mehr als vierzig. Auch in Brooklyn und Queens gibt es viele,
ein paar in der Bronx und eine auf Staten Island. Wenige Städte
in der Welt außerhalb Israels können mit so vielen Synagogen
aufwarten.

Die meisten nichtjüdischen New Yorker sind mit dem Judentum nicht unvertraut. Sie wissen, wann Pessach ist und
wann Chanukka. Sie wissen, dass die meisten Juden kein Schweinefleisch essen und nicht Weihnachten feiern. Viele nichtjüdische New Yorker haben schon an einem Pessach-Seder oder an
einer Chanukka-Feier teilgenommen. Und nicht wenige von
ihnen haben einen Gottesdienst in der Synagoge besucht.

Obwohl ich ganz unstreitig Jüdin bin, war ich nur selten in
einer Synagoge. Und wenn, dann meistens anlässlich einer Beerdigung. Ich war nie Mitglied einer Gemeinde.

In einer winzigen Synagoge in Kazimierz, dem früheren
jüdischen Viertel von Krakau, habe ich an Jom Kippur, dem
höchsten jüdischen Feiertag, meine tiefste und innigste Verbindung zum Judentum erfahren. Ich habe sie empfunden, weil es
dort kaum Juden gab. In dem kleinen Raum am Ende der Synagoge, der für Frauen bestimmt war, waren noch fünf oder
sechs andere Frauen. Kerzenrauch erfüllte den Raum. Keine
der Frauen sah jüdisch aus. Ein katholisches junges Mädchen
von achtzehn oder neunzehn Jahren erklärte mir, es fühle sich
im tiefsten Inneren als Jüdin, obwohl ihre polnischen Eltern
darüber entsetzt seien.

Als Kind und als Jugendliche in Melbourne durfte ich nicht
in die Synagoge gehen. An Jom Kippur sollen Juden fasten und

für ihre Sünden büßen. Und man soll nicht arbeiten oder Auto fahren. An Jom Kippur fuhr mein Vater regelmäßig im Auto an der Synagoge vorbei und winkte mit seinem Schinkensandwich. Er machte sich über die Juden lustig, die fasteten und beteten, und lachte über die Vorstellung, es gebe einen Gott. »Wenn du gesehen hättest, was ich in den Todeslagern gesehen habe«, sagte mein Vater immer, »dann wüsstest du mit Gewissheit, dass es keinen Gott gibt.«

Auch meine Mutter hatte das beständige Bedürfnis, mir mitzuteilen, dass es keinen Gott gibt. Als Elfjährige habe ich mich mit meiner Mutter verbündet. Jedem, der mir sein Ohr lieh, erklärte ich, dass ich nicht an Gott glaubte. Jahrzehntelang rümpfte ich die Nase, wenn die Rede auf Gott kam. Und insgeheim oder weniger insgeheim beneidete ich andere Leute um ihren Glauben. Das tue ich heute noch.

In deutschen Städten wie München, Hamburg, Frankfurt oder Stuttgart habe ich gesehen, wie viele Leute sonntags aus der Kirche kommen. Ich habe sie um ihre Verbindung zu ihrer Kirche und untereinander beneidet. In kleinen Bergdörfern in Mexiko habe ich wie gebannt zugesehen, wenn die Dorfbewohner in ihrem Sonntagsstaat zur Kirche gingen und dort beteten. Ich habe sie um ihren Glauben beneidet.

Vor drei oder vier Jahren erwachte ich mit dem dringenden Bedürfnis, zu einer Gemeinde zu gehören. Ich hatte schon früher mit dem Gedanken gespielt, Mitglied einer jüdischen Gemeinde zu werden. Jahrelang habe ich eine starke Neigung zu Gemeinden verspürt. Gemeinden jeder Art. Baptisten, Katholiken, Muslime, Episkopale, Methodisten, orthodoxe Russen und orthodoxe Griechen.

In einem Hotel in Houston stellten mein Mann und ich eines Abends fest, dass wir die einzigen weißen Gäste waren. Alle anderen Gäste waren afroamerikanische Baptisten, die eine Art Ehegelübdeerneuerung feierten. Das Programm der

Feier klang fantastisch: viele Reden, viel Musik und viel Tanz. Mehrere der Paare luden uns ein, mitzufeiern. Mir gefällt die Idee, das eigene Ehegelübde zu erneuern. Mein Mann und ich haben unsere Ehegelübde selbst verfasst und sie unter Tränen vorgetragen. Ihre Erneuerung wäre wieder eine tränenreiche Angelegenheit.

Ich hätte so gern an der Feier der afroamerikanischen Baptisten teilgenommen, aber ich habe mich nicht getraut. Das bedaure ich. Wir verbrachten unser Wochenende in Houston damit, über die Leute entsetzt zu sein, die in Shopping-Malls und auf der Straße große Gewehre mit sich herumtrugen.

Ich habe meine eigenen Gruppen und Clubs gegründet. Buchclubs, Filmclubs, Frauengruppen. Als Kind wollte ich Kommunistin werden. Als junge Frau wollte ich in einer Kommune leben. Heute, da ich älter bin, träume ich davon, mein Alter mit meinen engsten Freundinnen zu verbringen. Aber meine engsten Freundinnen leben Tausende von Meilen entfernt, und dieser Traum wird wahrscheinlich das Schicksal aller Träume teilen, in denen man sich wünscht, über Buchclubs und Frauengruppen seine Familie zu erweitern.

Der Morgen, an dem ich mit dem dringenden Wunsch erwachte, Mitglied einer Synagogengemeinde zu werden, hatte fast etwas Erschreckendes. Es war ein so überwältigendes Bedürfnis. Es war, als hinge mein Leben davon ab, dass ich einer Synagogengemeinde beiträte. Ich vermute, mit zu wenig oder zu viel Religiosität geboren zu werden, kann einem das Gefühl geben, nicht im Lot zu sein.

Ich beschloss, mich nach einer Gemeinde umzusehen. Die große Zahl der Synagogen in New York machte es mir nicht leichter. Und es gibt so viele verschiedene Synagogen. Es gibt orthodoxe Synagogen, konservative Synagogen, Einheitssynagogen, Reformsynagogen, liberale Synagogen und einige neuere Synagogen, die schwer einzuordnen sind.

Den Actor's Temple an der West 47th Street gibt es seit 1917. Seine Gemeinde war geschwunden seit den Tagen, als Shelley Winters, Al Jolson, Jack Benny und Edward G. Robinson dort den Gottesdienst besucht haben. Inzwischen hat die Gemeinde kaum mehr als hundert Mitglieder. Ich will nicht wie Goldlöckchen aus dem Märchen mit den drei Bären klingen, aber irgendwie kam mir diese Zahl zu gering vor. Obwohl ich es großartig fand, dass der Actor's Temple Übungsräume für Balletttruppen und Theatergruppen vermietet.

Ich fragte mich, ob der Name der New Shul an der Park Avenue South eine Referenz an die renommierte New Yorker Hochschule New School sein mochte. Auf Jiddisch bedeutet *Shul* sowohl Synagoge als auch Schule. Mir gefiel es, dass die New Shul eine Liste mit zehn Argumenten veröffentlicht hat, derentwegen man vielleicht nie einer Synagogengemeinde, aber der New Shul beitreten wollen könnte.

Eines ihrer Argumente ist der mangelnde Glaube an Gott. Die New Shul setzt dem entgegen, dass wir schließlich alle immer suchen, zweifeln und forschen. Ein weiteres Argument ist die Abneigung gegen religiöse Institutionen. Die New Shul sagt von sich, sie sei »nicht überorganisiert«.

Auch die City Congregation for Humanistic Judaism an der West 28th Street hörte sich gut an. Dort heißt man nichtjüdische Partner jüdischer Mitglieder willkommen, Adoptivfamilien, gemischte Familien, heterosexuelle, homosexuelle und transsexuelle Paare. Mein Mann ist kein Jude, eines meiner Kinder hat Kinder adoptiert, und eines meiner Kinder ist homosexuell.

Die Synagoge in SoHo ist die für mich nahe gelegenste Synagoge. Sie hat die am elegantesten gekleidete Gemeinde. Es wäre ziemlich anstrengend, sich zu überlegen, was man zu den Gottesdiensten anziehen soll. Die Gemeindemitglieder, darunter viele Banker, Investoren und Designer, sind jung und hip. Ich bin weder jung noch hip, und meine Vorstellung einer finanziellen Investition beschränkt sich auf den Erwerb eines Lottoscheins.

Vor dem Gottesdienst wird Essen und Trinken angeboten. Und von dem Rabbi der SoHo Synagogue, Mendel Jacobson, heißt es, er trage enge Hemden und zerrissene Jeans. Letztes Jahr haben Mendel und seine Frau Esty in Los Angeles einen SoHo Synagogue Event mit einem D. J. und zwei Bars veranstaltet.

Ein D. J., zwei Bars und ein Rabbi in zerrissenen Jeans? Das war definitiv nicht die Synagoge, die ich suchte.

Der Village Temple an der 12th Street klang wie die ideale Synagoge. Der Village Temple betont, ein Ort der Verbindung und der Einbeziehung aller Gemeindemitglieder zu sein. Außerdem liegt er in einer Viertelstunde Gehweite von meinem Zuhause. Ich rief an. Die Frau, mit der ich sprach, war sehr entgegenkommend. Sie fragte mich nicht, ob ich Jüdin sei. Und ich weiß nicht, ob man am Klang meiner Stimme hören kann, dass ich Jüdin bin, abgesehen von meinem besorgten Ton.

»Wir heißen jeden willkommen, der sich uns anschließen möchte, ob Jude von Geburt, Jude aus freier Entscheidung, Paare mit unterschiedlicher Religionszugehörigkeit, Familien außerhalb des traditionellen Familienbilds, Gläubige und Skeptiker«, sagte sie. Ich sagte, ich sei noch nie Mitglied einer Gemeinde gewesen. »Wir würden uns freuen, Sie aufzunehmen«, sagte sie. »Sie können auf der Stelle am Telefon Mitglied werden oder zu einem unserer Gottesdienste kommen.« Ich sagte, ich wolle zum Gottesdienst am Freitagabend kommen.

Ich rief meinen Vater an. »Ich spiele mit dem Gedanken, in die Gemeinde einer Synagoge einzutreten«, sagte ich.

»Aber ohne mich«, sagte er.

»Ich hätte nicht erwartet, dass du mitmachst«, sagte ich. »Ich wollte mich nur vergewissern, dass du nichts dagegen hast, dass ich in eine Gemeinde eintrete.«

»Warum sollte ich etwas dagegen haben?«, sagte er. »Schließlich bist du erwachsen.« Er klang leicht verärgert. Ich fühlte mich nicht sehr erwachsen.

Ich fühlte mich ein bisschen erwachsener, als mein Vater zurückrief und mich fragte, ob ich unter den Gemeindemitgliedern ein paar gute Kartenspieler ausfindig machen könnte. Er sagte, seine gewohnten Mitspieler gingen ihm langsam auf die Nerven.

Nun fühlte ich mich geradezu verpflichtet, die Synagoge zu besuchen. Aber ich brachte es nicht über mich. Ein Freitagabend nach dem anderen verging. Und jedes Mal fand ich irgendeinen Grund, warum ich nicht hingehen konnte, bis ich irgendwann auf einmal merkte, dass schon zu viele Freitage vergangen waren und mein Bedürfnis seine Dringlichkeit verloren hatte.

Mein Vater fragte einige Male nach. Er hatte sich auf einen neuen Partner zum Kartenspielen gefreut. Aber ich glaube, er hat verstanden, warum ich mich keiner Synagogengemeinde anzuschließen vermochte, obwohl ich selbst es nicht verstehen konnte. Und es noch immer nicht verstehen kann.

Papiere

Als wir 1989 von Australien nach New York zogen, brachten wir viele der großen und kleinen Dinge mit, aus denen sich ein Leben zusammensetzt. Die großen Dinge bereiteten keine Schwierigkeiten. Die kleinen Dinge wie Papiere und Unterlagen bereiteten große Schwierigkeiten. Ich legte sie in Ablagefächer und fügte im Verlauf der Jahre immer mehr hinzu.

Zu Anfang dieses Jahres beschloss ich, die Papiere und Unterlagen in den Ablagefächern zu sortieren. Die National Library of Australia hatte angeboten, Unterlagen von mir zu erwerben, und so machte ich mich daran, alles zu sichten, Wichtiges von Unwichtigem zu trennen.

Bibliotheken erweisen Schriftstellern einen großen Dienst. Sie erhalten und katalogisieren unsere Papiere. Stapelweise Papier, das in Romane, Sachbücher, Gedichte oder Theaterstücke eingegangen ist. Und sie bewahren Fotos und Tonbänder auf und fast alles, was mit dem Leben eines Schriftstellers zu tun hat. Die meisten Schriftsteller haben einen enormen Papierverbrauch. Selbst diejenigen, die meistens am Computer schreiben.

Papiere durchzusehen ist etwas, was ich mir am liebsten ersparen würde. Papiere durchzusehen macht mich nervös. Der bloße Gedanke, mich durch diese Papierberge zu arbeiten, hatte mich schon Wochen vorher nervös gemacht. Ich fürchtete mich fast ein wenig davor, welche Teile meines Lebens ich ausgraben würde. Nicht dass meine Vergangenheit das Tageslicht scheuen müsste. Aber mir gefällt einfach die Vorstellung, dass sie nahezu vollständig in Mappen und Schubladen sicher verwahrt ist.

Sobald ich beschlossen hatte, die Papiere zu sortieren, fielen mir auf einmal andere Dinge ein, die ich tun wollte. Ich wollte Brooklyn und Queens auskundschaften. Es ist nicht so leicht, mich dazu zu bringen, Manhattan zu verlassen, um einen anderen Stadtteil von New York aufzusuchen. Aber angesichts meiner Ordner und Schubladen voller Unterlagen wollte ich lieber alle vier anderen Stadtteile in New Yorks Innenstadt erforschen.

Und ich wollte ausgedehnte Spaziergänge unternehmen. Ich beschloss, vor dem Ordnen der Papiere zu Fuß nach Chelsea zu gehen, das sich im äußersten Westen von New York befindet, um auf dem Chelsea Market getrocknete Tomaten zu kaufen. Danach wollte ich zum Ukrainian East Village Restaurant an der Second Avenue gehen. Ich hätte lieber eine kleine Weltreise zu Fuß unternommen, als mich mit zahllosen Schubladen voller Unterlagen zu befassen.

Das Ukrainian East Village Restaurant hatte ich seit Jahren nicht mehr besucht. Als unsere Kinder noch sehr viel jünger waren, aßen wir dort regelmäßig. Die Einrichtung gefiel mir. Osteuropäisch im Stil der Achtzigerjahre. Zierdeckchen und Tischtücher aus Wachstuch. Man hätte sich in Polen oder Russland oder der Ukraine wähnen können. Auch die Preise hatten nichts von Manhattan. Sie waren und sind immer noch sehr billig.

Unsere Kinder liebten die Piroggen und die riesengroßen Kartoffelkuchen. Mein Mann liebte das Bœuf Stroganoff und das Gulasch, Gerichte, die man heutzutage nur auf wenigen Speisekarten findet. Auch der gemischte Teller sagte ihm sehr zu. Eine Platte, auf der Piroggen, gefüllter Kohl, Kiełbasa-Würste, Sauerkraut und Buchweizengrütze aufgehäuft waren. Ich aß den Salat und beschwerte mich über den Mangel an Nahrung mit weniger Kalorien auf der Karte.

Der Eingang zu dem Ukrainian East Village Restaurant

befindet sich am Ende eines ziemlich finsteren Gangs. Er sieht eher aus wie der Eingang zu einer Aussegnungshalle als wie der zu einem Restaurant. Aber davon darf man sich nicht abschrecken lassen. Allein die Piroggen sind es wert, dass man hingeht.

Die Toilette sollte man allerdings auf keinen Fall aufsuchen. Mehr muss ich sicher nicht sagen. Es ist auch nicht so einfach, die Toilette zu finden. Sie liegt im Untergeschoss, und eine Kellnerin im Obergeschoss muss einem die Tür elektronisch öffnen. Diese Choreographie und der Zeitraum, die für dieses Manöver erforderlich sind, fügen sich leider nicht immer perfekt ineinander.

Auf meinem Spaziergang gelangte ich nicht bis zu dem Ukrainian East Village Restaurant. Auf halbem Weg traf ich auf der 14th Street eine Frau, die ich kannte, aber ich konnte sie nicht einordnen. Auch sie sah aus, als versuchte sie sich zu erinnern, woher sie mich kannte.

»Hallo, ich bin Jane«, sagte sie.

»Ich bin Lilt«, sagte ich. Lilt? Wie kam ich auf Lilt? Daran war mein iPad schuld.

Seit Wochen hatte mein iPad mich Lilt genannt. Jedes Mal, wenn ich als Lily unterschreibe, macht das iPad so schnell Lilt daraus, dass man ziemlich fix sein muss, um es zu bemerken. Seit Wochen hatten Leute E-Mails von mir erhalten, die mit Lilt unterschrieben waren. Eine Agentin, mit der ich nicht viel zu tun habe, antwortete mit »Liebe Lilt«.

Lilt klingt so weit ganz gut. Aber in Zusammenhang mit Brett ist es ein Zungenbrecher schlimmster Art. Lilt Brett kommt niemandem geschmeidig über die Zunge. Mein Name war schon von Liljahne zu Lily geändert worden. Und ich wollte nicht von nun an Lilt heißen.

»Ja, natürlich, Lilt, ich wusste, dass Sie es sind«, sagte die Frau in der 14th Street. Wir plauderten eine Weile und verabschiedeten uns dann voneinander und gingen unserer Wege.

Ich ging als Lilt. Ich wusste noch immer nicht, mit wem ich mich unterhalten hatte.

Ich beschloss, nach Hause zu gehen und meine Unterlagen zu sortieren.

Die erste Schublade des Aktenschranks, die ich leerte, enthielt einen Stapel mit Dokumentenmappen von gut einem halben Meter Höhe. Ich holte tief Luft. Zwei Stunden später war ich noch immer atemlos. Ich hatte Notizbücher voll täglicher Eintragungen durchgearbeitet. Aus der Zeit meiner ersten Ehe. Alltägliche Notizen. Arbeitsnotizen. Einkaufslisten, Essenspläne, Urlaubspläne. Zwischen den Alltagsnotizen fanden sich Entwürfe für Briefe an Freunde. Als ich die Notizen und Briefe las, war ich verblüfft, weil ich den Eindruck hatte, dass ich offenbar ein glückliches Leben geführt hatte. Ein Leben voller Pläne, Aktivitäten und Hoffnungen. Und mit zwei Kindern.

Alles wirkte so glücklich und gesund und normal. Wie hatte ich mich dann unsterblich in jemand anderen verlieben können? Ich vermute, weil viele Dinge, die in Ordnung zu sein scheinen, nicht so in Ordnung sind, wie sie es zu sein scheinen. Und vielleicht ist in Ordnung nicht genug in Ordnung, auch wenn wir das zu jenem Zeitpunkt vielleicht nicht wissen.

Wir wissen es vielleicht nicht, bis jemand anders kommt und unsere Welt aus den Angeln hebt. Dieser jemand anders, in den ich mich unsterblich verliebt habe und mit dem ich seit fünfunddreißig Jahren zusammen bin. Ich fand mehrere Mappen mit kleinen und großen Versatzstücken der Leidenschaft, die ich für ihn empfand. Und immer noch empfinde.

Ich fand Gedichte, die ich ihm geschrieben hatte. Gedichte, über die ich errötete. So könnte ich heute nicht schreiben. Ich fand Briefe, die ich ihm geschrieben hatte. Wenn er nicht da war. Wenn er nur in einem anderen Zimmer war.

Ich verbrachte viele Tage damit, mich durch Berge von Papieren und Notizbüchern zu arbeiten. Ich hatte nicht gewusst, dass ich so vieles geschrieben hatte. Und ich meine nicht Bücher. Ich meine Briefe, Pläne, Notizen und Listen. Ich hatte nicht gewusst, dass ich für fast jeden Brief, den ich jemals geschrieben habe, Entwürfe gemacht hatte. Ich hatte nicht gewusst, dass ich so geschrieben hatte, seit ich ein Teenager war.

Und ich hatte auch nicht gewusst, dass so viel davon erhalten geblieben war. In einem großen Feuer, das 1997 in unserer Wohnung ausbrach, hatte ich die Tagebücher von dreißig Jahren, Tausende von Büchern und Fotos und viele andere Dinge verloren.

Überraschend viele der Listen in den alten Notizbüchern sind fast identisch mit den Listen, die ich heutzutage schreibe. Wie der Inhalt meiner Manteltaschen und Handtaschen scheinen meine Listen sich nicht zu verändern. Ich könnte jede der Handtaschen öffnen, die sich im Lauf der Jahre angesammelt haben, und würde darin ein paar Taschentücher und Pfefferminzdrops finden. Obwohl ich mir, als mein Sohn mich als Zwanzigjähriger einmal gefragt hat, warum ältere Frauen offenbar immer ein Taschentuch in der Hand hätten, fest vorgenommen habe, nie mehr ein Taschentuch mit mir herumzutragen.

Im Verlauf dieses Aufräummarathons stieß ich auf eine Schachtel mit Fotos von einer Polenreise, die ich vor zwanzig Jahren mit meinem Vater unternommen hatte. Ich hatte gedacht, die meisten dieser Fotos wären in dem Feuer verbrannt. Manche waren verschmutzt und zerknickt, kleine Dreckkrümel hatten sich in den Knicken festgesetzt. Jemand, wahrscheinlich eine meiner Töchter, hatte sie offenbar aus der Asche gerettet. Auf dem Boden der Schachtel lagen kleine Schnipsel verbrannten Papiers. Ich hielt die schwarzen, verbrannten Papierstückchen auf der Handfläche. Aus irgendeinem Grund hätte ich sie am liebsten eingerahmt, sie in einen Schrein gelegt. Ich weiß nicht, warum.

Die Fotos lagen in einer schwarzen Schachtel, die etwas Trauervolles hatte. Ich glaube, das war keine Absicht. Ich glaube, die Schachtel hatte damals einfach die richtige Größe. Unsere Reise nach Polen hatte nichts Trauervolles. Sie war in vieler Hinsicht ein Triumph.

Und ich fand Briefe. So viele Briefe. Briefe an mich. Und Briefe von mir. Briefe von Leuten, die nicht mehr am Leben waren. Briefe von ehemals engen Freundinnen. Die Intensität mancher Freundschaften aus meiner frühen Jugend überraschte mich. Das Ausmaß der Aufrichtigkeit zwischen uns machte mich fassungslos. Vielleicht kann man einem Freund so nicht mehr schreiben, wenn man älter ist. Vielleicht spricht man so nicht mehr mit einem Freund, wenn man älter als vierzig oder fünfzig ist.

Ich besaß ganze Bündel von Briefen einer ganz bestimmten Freundin. In den letzten dreißig Jahren habe ich sie kaum noch gesehen. Wie kann eine so enge Freundschaft sich in Luft auflösen? Ich weiß es nicht. Ich vermute, dass kleine Verletzungen und unbedeutende Vorkommnisse sich verhärten und dann wie eine Blockade zwischen zwei Menschen stehen.

Eine weitere Schublade war voll mit Briefen an meine Eltern und von ihnen an mich. Ich fand lange Briefe und Faxe meines Vaters, in denen er mir immer wieder in seinem rudimentären Englisch schrieb, wie sehr er mich liebt. Er liebte auch sein Faxgerät, und das ist der Grund, dass er mir weiter Faxe schickte, als wir schon beide in New York City wohnten. Wenn er ab und zu am Wochenende verreiste, nahm er sein Faxgerät mit und faxte mir von dort, wo er sich aufhielt.

Ich fand Briefe, die ich meiner Mutter geschrieben hatte. Briefe, von denen ich nicht gewusst hatte, dass sie sie aufbewahrt hatte, bis ich es eine ganze Weile nach ihrem Tod erfuhr, als ich meinem Vater half, ihre Hinterlassenschaften aufzuräumen. Ich hatte meiner Mutter Briefe geschrieben, seit ich als

Achtzehnjährige zum ersten Mal Australien verlassen hatte. Der letzte Stapel Briefe, den ich ihr geschrieben hatte, war in Paris abgestempelt.

Jahrelang verbrachten wir die australischen Sommerferien mit unseren Kindern in Paris. Wir mussten nur die Reise dorthin finanzieren. Unser lieber Freund, der französische Maler François Arnal, überließ uns seine große Wohnung. Sie befand sich in einer ehemaligen Fabrik, die Gustave Eiffel entworfen hatte.

Wir hatten keine Kreditkarten und sehr wenig Geld. Wir kauften auf dem Marché d'Aligre ein, immer kurz vor Ladenschluss, wenn die verderblichen Lebensmittel verramscht wurden. Einen ganzen Brie konnte man dann für einen Dollar kaufen. Oder einen Ziegenkopf zum gleichen Preis, wenn einem der Sinn danach stand.

In meinen Briefen erzählte ich meiner Mutter von unserem Alltagsleben. Davon, wie meine zehnjährige Tochter allein im Supermarkt einkaufen ging und dabei jedes der dreißig französischen Wörter verwendete, die sie kannte. Wie uns mein Sohn innerhalb weniger Minuten nach unserer Ankunft in Paris Monatskarten für die Metro besorgt hatte.

Und ich schrieb meiner Mutter in einem Brief nach dem anderen, wie sehr ich sie liebte. Bevor wir nach Paris aufgebrochen waren, hatten wir bei meinen Eltern gewohnt, weil wir mitten im Umzug steckten. Nach der Rückkehr würden wir weitere sechs Wochen bei ihnen wohnen.

Zwei Wochen nach unserem Umzug in unser neues Zuhause wurde bei meiner Mutter, die so jung, kräftig und gesund wirkte, Bauchspeicheldrüsenkrebs diagnostiziert. Vier Monate später war sie tot. Obwohl ich inmitten der Toten aufgewachsen war, der Toten meiner Eltern, war mir nie bewusst gewesen, *wie* tot man ist, wenn man tot ist.

Ich weinte mir die Augen aus, als ich meine Briefe an meine

Mutter las. Man sollte meinen, dass sie mir nach achtundzwanzig Jahren weniger fehlen würde. Aber sie fehlt mir mehr.

In der letzten der fünf Mappen stieß ich auf Fotos von mir und meinem Mann. Fotos aus vielen Jahren. Fotos von uns, als wir Anfang dreißig waren, als wir vierzig waren, fünfzig und in jüngerer Zeit sechzig. Zusammengefasst weckten sie den Eindruck, als wäre die Zeit noch schneller vergangen, als es an sich schon der Fall zu sein schien. »Wir waren so jung«, jammerte ich. »Wir sind immer noch jung«, erwiderte mein Mann. Es wird mir nie gelingen, ihn zu einem Depressiven oder Pessimisten oder auch nur zu einem Realisten zu machen.

Zu guter Letzt hatte ich drei große Kisten gepackt, die darauf warteten, an die National Library in Australien geschickt zu werden. Ich war so froh, dass ich das erledigt hatte. Meine übrigen Unterlagen waren zwar nicht alphabetisch geordnet, aber lesbar etikettiert. Ich war sehr, sehr froh.

In einer E-Mail schrieb ich meiner jüngsten Tochter, dass ich alles aufgeräumt hatte. Die Mail wurde mit dem Namen Lilt unterschrieben und verschickt. In einer nächsten Mail erklärte ich, dass mein iPad beschlossen habe, mich Lilt zu nennen.

Meine Tochter schrieb mir mit für sie ungewohnter Unliebenswürdigkeit zurück: »Lil, ist dir nicht aufgefallen, dass der Buchstabe T sich links von dem Buchstaben Y befindet? Du nennst dich selbst Lilt. Das ist einfach nur ein Tippfehler.«

Nach dieser Nachricht hatte ich das dringende Bedürfnis nach einem langen Spaziergang. Ich ging zur 29th Street zwischen der Fifth und der Sixth Avenue. In der Straße gibt es lauter Läden, die alles feilbieten, was man nie brauchen wird. Komische Hüte, komische Kleidung, komische Ansammlungen von allen möglichen Dingen. Und massenhaft Handtaschen. Atemberaubend geschmacklose Handtaschen. Handtaschen, auf die vergoldete Skeletthände geklebt sind. Glitzernde Hand-

taschen, Handtaschen mit Glasperlenbesatz. Ich gehe dort oft
vorbei und träume davon, eine dieser Handtaschen oder einen
dieser Hüte zu kaufen.

Hiroko's Place

Hiroko's Place ist ein Café und Restaurant in der Thompson Street Nummer 75. Das Lokal zu beschreiben ist fast unmöglich. Ich gehe immer wieder hin. Ich weiß nicht recht warum.

Ich wünschte wahrhaftig, ich wüsste, was mich an Hiroko's so fasziniert. Die Ausstattung kann es nicht sein. Obwohl sie in ihrer Absonderlichkeit schon wieder etwas merkwürdig Entspannendes hat. Wenn man Hiroko's betritt, ist einem zumute, als beträte man das Zuhause einer schrulligen japanischen Tante, die sich immer gewünscht hat, ein Restaurant zu betreiben, und von einem Tag auf den anderen ihr Wohnzimmer in ein Lokal verwandelt hat.

Hiroko's hat nichts klassisch Japanisches an sich. Hiroko's hat überhaupt nichts Klassisches an sich. Tische und Stühle sind bunt durcheinandergewürfelt. Mittendrin ein gemütliches Sofa, an den Wänden Regale voller japanischer Bücher, japanischer Graphic Novels und einer Auswahl japanischer Zeitschriften. Zudem stehen dort Vitrinen voller Kleinkram und Nippes. Und ein Klavier, das so zwischen andere Möbel eingeklemmt ist, dass niemand darauf spielen könnte.

Hiroko's gehört Hiroko, ihrem Bruder und ihrem Vater. Es ist ein Familienunternehmen. Hiroko und ihre Familie wohnen über dem Restaurant. Letztes Jahr starb Hirokos Mutter. Viele Leute aus der Gegend, darunter viele Kunden, haben an der Totenwache und an der Trauerfeier teilgenommen. Hirokos Bruder arbeitet in der Küche, und Hirokos Vater sitzt oft auf dem Sofa im Restaurant.

Die Blumen in Hiroko's sind nicht vergleichbar mit den üppigen Sträußen, die täglich oder wöchentlich an viele New Yorker Restaurants, Friseursalons, Schönheitssalons und bisweilen auch Wartezimmer von Arztpraxen geliefert werden. Hiroko's Blumen kommen aus dem eigenen Garten und sehen aus, als wären sie eben erst aus einem eher spärlichen Sortiment gepflückt worden.

Was mich ganz sicher nicht zu Hiroko's hinzieht, ist das Essen. Die Salate sind in Ordnung. Der Pilzsalat besteht aus gebratenen warmen Pilzen auf einem Bett aus Kopfsalat. Wie der Algensalat, der Spargel- und der Avocadosalat und der Tofusalat ist er mit einem Dressing mit Karottenstreifen und Ingwer abgeschmeckt.

Alles, was außer den Salaten auf der Karte steht, ist mir schwer begreiflich. Es gibt neapolitanische Spaghetti mit japanischer Sauce und in Ketchup gekochtem Gemüse. Ich hasse Ketchup. Und ich weiß nicht, wie neapolitanisch diese Spaghetti sich ausnehmen. Auf der Karte steht nicht »neapolitanisch«, sondern »napolitanisch«. Ich war immer der Ansicht, es handle sich dabei um einen der vielen Schreibfehler auf der Speisekarte. Ich möchte nicht herausfinden müssen, dass »napolitanisch« ein japanisches Wort sein könnte, das ein völlig anderes Gericht bezeichnet und Ketchup zu einem unverzichtbaren Bestandteil macht.

Für einen zusätzlichen Dollar kann man jedes Curry bei Hiroko's mit Käse verfeinern. Käse zu Rindfleisch-, Huhn-, Meeresfrüchte- oder Gemüsecurry klingt nicht nach etwas, was ich gerne essen möchte. Das gilt auch für Tarako-Spaghetti. Tarako ist gesalzener Fischrogen, in der Regel vom Alaskaschellfisch. Selbst auf die Gefahr hin, nun sehr mäkelig oder sehr sonderbar zu wirken, muss ich zugeben, dass ich kein Freund von Rogen bin, egal welcher Art. Auch nicht von Kaviar, selbst von Beluga.

Aber ich mag das Lachsteriyaki im Hiroko's, und das bestelle ich meistens. Mein Mann, den ich nur mit Gewalt zu Hiroko's bekomme, mag die Suppen und die Eintopfgerichte. Eintopfgerichte habe ich seit Jahren auf keiner Speisekarte mehr gesehen. Den letzten Eintopf habe ich vor Jahrzehnten gekocht. Ich erinnere mich an die Zeit der Eintopfgerichte. Alle kochten dauernd Eintöpfe. Und dann sind wir vom Eintopf zur Quiche übergegangen, und der Eintopf wurde dem Vergessen überantwortet.

Hiroko's hat viele Fans. Darunter viele Japaner. Wie ich kommen sie immer wieder. Ich glaube nicht, dass der Service uns zu dieser Loyalität verleitet. In einer Besprechung des Lokals las ich: »Hiroko's nimmt Gäste auf und macht alle friedlich und glücklich.« Aber was besagt das über ein Restaurant, wenn die Besprechung weder das Essen noch den Service erwähnt?

Der Service bei Hiroko's ist sehr höflich und hingebungsvoll. Aber sehr langsam. Wer es eilig hat, ist nicht gut beraten, zu Hiroko's zu gehen. Die jungen Kellnerinnen wechseln regelmäßig; es sind japanische Studentinnen, die unter anderem deshalb dort arbeiten, um besser Englisch zu lernen. »Besser« ist vielleicht nicht ganz das richtige Wort. Oft können die Kellnerinnen nicht ein Wort Englisch. Aber man kann sich damit behelfen, auf der Speisekarte auf das Gewünschte zu deuten. Und die Kellnerinnen sind so bemüht, es einem recht zu machen. Dieses Bemühen hindert einen daran, schwierige Dinge zu fragen oder überhaupt irgendetwas zu fragen. Wenn man irgendetwas wirklich wissen will, ist immer noch Hiroko da, die bereitwillig alles übersetzt.

Für gewöhnlich bin ich nicht sehr geduldig, wenn ich in einem Restaurant lange warten muss. Bei Hiroko's muss man manchmal ziemlich lange warten. Aber irgendwie macht es mir dort nichts aus. Ich habe keine Ahnung, warum ich bei Hiroko's in dieser Hinsicht so ungewohnt nachsichtig bin.

Bei Hiroko's ist es ruhig, selbst wenn das Lokal voll ist. Ein ruhiges Lokal in New York zu finden ist ziemlich schwierig. Die meisten Restaurants in New York sind für ein Abendessen ungeeignet, falls man vorhaben sollte, sich dort zu unterhalten. Mehr als ein Mal kam ich nach einem Abendessen im Restaurant heiser nach Hause.

Mein Cousin Adam und seine Lebensgefährtin Andrea wohnten im Haus neben Hiroko's. Sie gehen noch immer häufig dorthin. Adam liebt die Spaghetti mit Pilzen, die Eintöpfe, den Kiwisaft und das Parfait von grünem Tee nicht weniger als Hiroko, ihren Bruder und ihren Vater.

Andrea sah einmal, wie ich den Kopf über den Ketchup schüttelte, und versuchte mich aufzuklären. »Ich finde es toll, dass viele Gerichte mit Ketchup serviert werden und dass sie einem zu allen Pastagerichten eine grüne Dose *Kraft*-Parmesan auf den Tisch stellen«, sagte sie. Ich glaube, ich blickte sie immer noch konsterniert an. »Es ist so tröstlich«, erklärte sie. »Ich erinnere mich an diese Dinge aus meiner Kindheit, und sie haben sich kein bisschen verändert. Der Ketchup sieht immer noch genauso aus wie damals und schmeckt genauso, und auch der *Kraft*-Parmesan in der grünen Dose ist wie früher.«

Obwohl ich keine glücklichen Erinnerungen an Ketchup oder *Kraft*-Parmesan habe, begriff ich mit einem Mal einen Aspekt des Restaurants, der mir sonst völlig entgangen wäre. Nostalgie, die Sehnsucht nach früheren Zeiten in Amerika. Das könnte sehr wohl die Eiersandwiches und die Schinkensandwiches und die Sodawassersiphons in dem Lokal erklären.

Eines Nachmittags trank ich eine Tasse Tee im Hiroko's, als einer der Mitarbeiter einen Geburtstagskuchen hereintrug, üppig mit Sahnerosetten und Früchten verziert. Hirokos Bruder hatte Geburtstag. Alle Angestellten, Hiroko, ihr Bruder und ihr Vater setzten sich und sangen aus vollem Hals »Happy Birthday«.

Eine der Kellnerinnen kam zu mir und reichte mir ein Stück Geburtstagskuchen. Ich muss sie besorgt angesehen haben, denn die junge Kellnerin wirkte erschrocken und wollte den Kuchen zurücknehmen. Ich schämte mich. Ich musste mir große Mühe geben, sie davon zu überzeugen, dass ich den Kuchen wirklich haben wollte.

Ich versuche immer, nicht auszusehen wie jemand, der sich Gedanken darüber macht, ob er Kuchen essen darf. Aber ich glaube, es funktioniert nicht. Ich mache mir Gedanken über das Kuchenessen, seit ich sechs oder sieben bin. Meine Mutter backte oft Kuchen, aber ich durfte nichts davon essen. Meine Mutter hatte Angst, ich könnte dick werden. Diese Angst steigerte sich zu Terror, als ich mich in einen großen und stämmigen Teenager verwandelte.

Ich habe diese Ängste meiner Mutter verinnerlicht und erlaube mir nur selten, Kuchen zu essen. Außer ich bin in Wien im Café Eilles, wo es den besten Topfenstrudel der Welt gibt. Bei meinem letzten Besuch in Wien war ich auf Lesereise. Ich besuchte das Café Eilles jeden Tag. Am ersten Tag kamen die Stücke des Topfenstrudels mir riesengroß vor. Am dritten Tag sahen sie klein aus, und ich musste zwei essen. Es ist ein wahres Glück, dass ich nicht in Wien wohne.

Bei der Geburtstagsfeier im Hiroko's wollten alle wissen, ob mir der Kuchen schmeckte. Ich nickte begeistert. Ich hatte die Hälfte des Kuchenstücks gegessen und tat so, als äße ich tapfer weiter.

Bei Hiroko's kann man gut arbeiten. Man sitzt da mit einer Tasse Tee und arbeitet, und niemand legt einem nahe zu gehen oder erweckt den Eindruck, als wünschte er, man ginge endlich. Sie scheinen mit einem genauso zufrieden zu sein wie mit anderen Kunden, die fleißig essen.

Kürzlich saß ich im Hiroko's und schrieb E-Mails. Nach etwa zwei Stunden blickte ich auf, und Hiroko und die Kellnerinnen lächelten mich an. Ich hatte noch gar nichts bestellt. Ich hatte vorgehabt, etwas Kamillentee zu bestellen. Und sie sahen aus, als freuten sie sich einfach, mich zum Gast zu haben.

Und da begriff ich. Da und dort begriff ich, warum ich Hiroko's so mag. Es liegt an der Liebenswürdigkeit und Bescheidenheit. Ich glaube, es ist einer der reizendsten Orte in ganz Manhattan. Seine Liebenswürdigkeit und Bescheidenheit sind Mangelware. Nicht nur in dieser Stadt, sondern überall.

Lotterie

Die meisten dürften New York nicht für eine Stadt halten, in der die Leute Schlange stehen, um Lotterielose und Tippscheine zu kaufen. Schließlich ist New York die Stadt der Intellektuellen, der Berühmten, der Eleganten, der Coolen und einiger der reichsten Menschen der Welt. Und doch stehen wir Schlange, um Tippscheine zu kaufen. Nicht die Reichen, Coolen oder Berühmten. Nur ein paar der Normalsterblichen unter uns.

Lotterien gibt es seit ewigen Zeiten. Und genauso Leute, die Scheine und Lose kaufen. Der erste Nachweis einer Lotterie stammt aus der Zeit der chinesischen Han-Dynastie, die von 205 v. Chr. bis 220 n. Chr. bestand. Im römischen Reich gab es ebenfalls Lotterien. Ich bin mir nicht sicher, dass sich das, was damals gewonnen werden konnte, mit den heutigen Gewinnen messen kann. Der größte Lotterie-Jackpot wurde 2012 in Amerika geknackt. Es war ein Mega-Millions-Jackpot, der dem Gewinner sechshundertsechsundfünfzig Millionen Dollar eingebracht hat.

Ich kaufe Mega-Millions-Lotteriescheine. Die Auswahl an Lotterien ist einfach zu groß, deshalb bleibe ich bei Mega Millions. Ich kaufe für mein Leben gern Lotteriescheine. Wenn ich meinen Schein oder ab und zu mehrere Scheine ausgefüllt habe, überkommt mich ein Gefühl der Ruhe. Die Art von Ruhe, die von der Gewissheit herrührt, dass man sich nie wieder Sorgen über Geld oder einen eventuellen Mangel daran machen muss.

In der Regel kaufe ich meine Scheine in Midtown in der Nähe der 44th Street und der Third Avenue. Den kleinen Zeitungsladen verlasse ich im Hochgefühl eines grenzenlosen Optimis-

mus. Allein dieses Gefühl ist den Preis einer Handvoll Lotto-
scheine wert. Der indische Verkäufer wünscht mir immer viel
Glück, was ich für eine Zusatzversicherung halte, die mir einen
Gewinn gewissermaßen garantiert.

Viele Leute kaufen in diesem Zeitungsladen Lottoscheine.
In der Hauptsache Männer. Männer aus der Arbeiterklasse.
Die meisten machen sich viel Arbeit mit der Auswahl der Zahlen, die sie ankreuzen. Sie bringen ganze Zahlenlisten mit. Ich
komme mir manchmal vor wie ein Amateur, denn ich lasse
meine Zahlen immer von der Lottomaschine auswählen. Sta-
tistisch gesehen spielen mehr Männer als Frauen Lotto. Warum, weiß ich nicht. Aber ich sehe es.

Ich kaufe meine Tippscheine in diesem Zeitungsladen, weil
ich dem Glauben anhänge, ich hätte eine größere Chance auf
einen Gewinn, weil dieser Laden besonders viele Tippscheine
verkauft. Dieser Glaube ist nicht nur dämlich und irrational,
sondern auch – und davon bin ich überzeugt – mathematisch
falsch. Ich glaube nicht, dass mehr verkaufte Lose die eigenen
Chancen auf einen Gewinn erhöhen können.

Im vergangenen Jahr hat die für Lotterien zuständige Behör-
de Mega Millions neue Vorgaben gemacht, und die Gewinn-
chancen haben sich drastisch reduziert. Die gegenwärtige Ge-
winnchance von Mega Millions beträgt eins zu 258 890 850.
Das ist eins zu zweihundertachtundfünfzig Millionen, acht-
hundertneunzigtausend und achthundertfünfzig. Es könnte
genauso eins zu zweihundert Milliarden oder Billionen sein.
Ich glaube, das kann meinen Enthusiasmus so wenig dämpfen
wie den der anderen. Ein Freund erzählte mir, die Chance, in
Amerikas beliebtestem Lottospiel, Powerball, zu gewinnen, sei
ebenso hoch wie die, am eigenen Geburtstag vom Blitz getroffen zu werden.

In den Tagen, nachdem ich meine Mega-Millions-Lottoschei-
ne gekauft habe, plane ich, wofür ich das Geld ausgeben will.

Ich habe eine Liste von Leuten, mit denen ich das Geld teilen will. Und von Anliegen, die ich unterstützen will. Ich entwickle mathematische Fertigkeiten, die in meiner ganzen Zeit an der Highschool im Verborgenen geschlummert haben. Ich verschiebe und ändere die Geldbeträge, die ich behalten will und die ich teilen und stiften will, in einer Reihe von durchdachten Zügen mit dem Zweck, die perfekte Verteilung und Nutzung der zehn- oder zwanzigtausend Millionen, die ich gewinnen werde, zu erzielen.

Diese Berechnungen und Neuberechnungen bereiten mir oft Kopfschmerzen. Es ist harte Arbeit zu entscheiden, was man mit alldem Geld anstellen soll. Und ein weiterer problematischer Aspekt kommt hinzu. Was ist, wenn mein Mann mit den finanziellen Entscheidungen, die ich getroffen habe, nicht einverstanden sein sollte? Das führt zu einer Welle sehr gereizter und bisweilen explosiver Auseinandersetzungen zwischen mir und meinem Mann.

Ich beziehe meinen Mann in diese sehr emotionalen Streitgespräche nicht persönlich ein. Ich spiele beide Rollen. Ich stelle die Fragen und liefere die Argumente und gebe die Antworten. Nicht immer sehr vernünftige. Wenn ich in dieser Phase *tatsächlich* auf meinen Mann treffe, bin ich ihm böse und will nicht mit ihm sprechen.

Ich muss mir dann ins Gedächtnis rufen, dass er an der Diskussion gar nicht aktiv teilgenommen hat. Besser gesagt, dass er überhaupt nicht daran teilgenommen hat. Trotzdem dauert es seine Zeit, bis ich mich beruhigt habe und mir nicht mehr einbilde, er hätte sich unvernünftig verhalten. Das verursacht mir noch mehr Kopfschmerzen.

Bis zu dem Abend vor der Ziehung der Mega-Millions-Zahlen habe ich mir meistens einen Plan zurechtgelegt, was ich mit dem Geld anfangen will. In meiner Vorstellung sind mir die Freunde, mit denen ich das Geld teilen will, unendlich dankbar. Ich fühle mich großherzig, großzügig und zutiefst zufrieden.

Von da an geht es komplett den Berg hinunter. Am nächsten Tag durchforste ich die Zeitungen nach einer Meldung, ob jemand den Jackpot geknackt hat. Wenn der Jackpot besonders groß war, gelangt die Meldung nämlich oft in die Zeitung. Die Ergebnisse sehe ich nicht nach. Das wäre verfrüht. Ich muss mich langsam an die Ergebnisse herantasten.

Etwa einen Tag später informiere ich mich über die neue Höhe des Mega-Millions-Jackpots. Wenn es nur ein geringer Betrag ist, sagen wir bloße sechs oder sieben Millionen Dollar, weiß ich, dass jemand bei der aktuellen Ziehung gewonnen hat. Wenn der Jackpot größer ist als vorher, dann ist das ein gutes Zeichen. Es bedeutet, dass niemand gewonnen hat, auch wenn ich es nicht war. In diesem Fall habe ich beim Kauf eines neuen Scheins die Chance, in der nächsten Woche noch viel mehr Geld zu gewinnen.

Wenn jemand gewonnen hat, gehe ich zu dem Laden an der 44th Street und der Third Avenue, um nachzusehen, ob dort mit einem großen Plakat verkündet wird, dass der Gewinner dort seinen Schein gekauft hatte. Dieses Plakat habe ich dort noch nie gesehen. Ich gehe nach Hause und bin ein bisschen niedergeschlagen. Ich weiß nun, dass ich die hundertzwanzig Millionen oder zweihundertfünfzig Millionen Dollar nicht gewonnen habe.

Die Ergebnisse will ich immer noch nicht erfahren. Wenn ich den Jackpot nicht geknackt habe, dann will ich auch nicht wissen, dass ich keinen der kleineren Geldpreise gewonnen habe. Von der festen Überzeugung, dass ich den Jackpot knacken würde, bin ich zu der Haltung gelangt, keinen Wert darauf zu legen, einen der kleineren Preise gewonnen zu haben.

Ich nehme mir vor, die Ergebnisse später nachzusehen. Ich bewahre die Scheine an einem sicheren Ort auf. Endlos lange.

Ich mache mir eine Notiz, die Ergebnisse nachzusehen. Aber ich kann es offenbar nicht. Hin und wieder habe ich die Ergebnisse eines ganzen Jahres ausgedruckt und gesehen, dass ich zu spät dran war. Das Preisgeld muss man innerhalb von zwölf Monaten nach dem Ziehen beanspruchen. Deshalb schaue ich lieber gar nicht nach, ob ich früher einmal gewonnen habe. Es wäre zu deprimierend.

Einmal stellte ich fest, dass ich hundertsechsundzwanzig Dollar und dreiundfünfzig Cent gewonnen hatte. Ich füllte das Formular aus, heftete mein Gewinnlos daran und steckte beides in einen Umschlag, den ich an die entsprechende Abteilung der New York Lottery, zu der Mega Millions gehört, in Schenectady, New York, adressierte. Dann geriet ich in Panik. Ich weiß, dass es nicht um Millionen von Dollar ging, aber ich machte mir plötzlich Sorgen, mein Lottoschein könnte auf dem Postweg gestohlen werden.

Irgendetwas an diesem Bild ist schief. Ich habe darauf gesetzt, Millionen zu gewinnen, und mache mir dann Sorgen, jemand könnte mir den Lottoschein für den Gewinn von hundertsechsundzwanzig Dollar stehlen. »Wäre man nicht in Versuchung, einen Brief an die New York Lottery zu öffnen?«, fragte ich meinen Mann.

»Dafür käme man ins Gefängnis«, sagte er.

Ich gab meinen Lottoschein und das Formular auf dem Postamt um die Ecke auf. Mehrere Monate später erhielt ich einen Scheck über einhundertsechsundzwanzig Dollar und dreiundfünfzig Cent. Das, errechnete ich, würde fünf bis sechs Monate lang meine Mega-Millions-Scheine finanzieren.

Ich kaufe weiterhin Mega-Millions-Scheine und verwahre sie an einem sicheren Ort. Ich mache Pläne, wofür ich das Geld ausgebe. Und nehme Kopfschmerztabletten.

Groll und Ressentiments

Wenn man in New York lebt, bedeutet das, dass irgendwann jeder, den man kennt, zu Besuch in der Stadt ist. Auf diese Weise trifft man eine Menge Leute, mit denen man jeden Kontakt verloren hätte, wenn man in einem Bergdorf in Polen oder in Wales leben würde.

In New York zu leben bedeutet auch, dass irgendwann alle wegziehen. New York ist eine Stadt, deren Bewohner meistens von anderswo gekommen sind. Aus anderen Teilen Amerikas oder aus anderen Ländern. Sehr viele von ihnen verlassen New York und gehen nach anderswo zurück.

Jeder aus meinem kleinen australischen Freundeskreis in New York ist nach Australien zurückgegangen. Erst ging Jill, dann ging Fiona, dann gingen John und Christine. Ich könnte die Liste endlos fortsetzen. Und sie fehlen mir alle. Ich kann mir nicht vorstellen, dass es viele andere Städte gibt, in denen so viele Leute ankommen und wieder abreisen.

Eine alte Freundin, die ich lange nicht gesehen hatte, kam neulich nach New York. Sie hatte mir gesagt, dass es einer früheren Freundin von uns nicht sehr gutgehe. Als ich meine alte Freundin sah, sagte ich, ich hätte einer weiteren Freundin, die ebenfalls mit unserer gemeinsamen Freundin befreundet war, erzählt, dass es ihr nicht gutgehe. »Du lieber Himmel«, sagte meine alte Freundin.

Es stellte sich heraus, dass die erkrankte Freundin die Freundin, der ich von ihrer Erkrankung erzählt hatte, nicht ausstehen konnte. Sie hasste sie wegen einer Sache aus der Zeit, als die beiden sechzehn waren. Es ist mindestens fünfzig Jahre her, dass die beiden sechzehn waren.

»Da muss ja etwas Schlimmes vorgefallen sein«, sagte ich zu meiner alten Freundin.

»Offenbar hat sie etwas getan, was man nicht tun darf«, sagte meine alte Freundin.

Die Betreffende, die etwas getan hatte, was man nicht tun darf, und der ich nichts von der Erkrankung der anderen Freundin hätte erzählen dürfen, übt seit Jahrzehnten eine verantwortungsvolle, komplexe Tätigkeit auf internationaler Ebene aus. Sie ist eine so ernsthafte Person, dass neben ihr die meisten anderen leichtfertig erscheinen.

Ich versuchte lieber gar nicht erst, mir auszumalen, was man getan haben muss, dass einem jemand fünfzig Jahre lang grollt. Alles in allem bewundere ich Menschen, die nachtragend sein können. Aber ich finde, um jemandem so konsequent etwas übelzunehmen, braucht es schon einen gewichtigen Grund.

Mein Mann ist außerstande, jemandem etwas übelzunehmen. Jegliches tückische oder hinterhältige Verhalten ihm gegenüber nimmt er gar nicht zur Kenntnis. Dafür hat er mich. Ich verwalte sämtlichen Groll, den eigentlich er hegen müsste.

Ich muss ihn daran erinnern, dass die Person, die er soeben mit einer herzlichen Umarmung begrüßt hat, ein Idiot ist, der ihn wie einen Idioten behandelt hat. Während mein Mann den Idioten umarmt, stehe ich daneben und glühe vor Zorn. Wenn wir dann endlich weitergehen, fragt mich mein Mann, warum ich so gleichgültig war. »Ich war nicht gleichgültig«, erwidere ich. »Ich habe diesen Idioten zornentbrannt angestarrt.«

New Yorker Wohnhäuser sind ein perfekter Nährboden für Unfrieden. Die Luft bei den Genossenschaftsversammlungen ist dick vor Groll und Missgunst. Das Wort Genosse klingt nach gemeinsamen Zielen. Von denen ist oft nicht viel zu sehen.

Der Ehemann einer meiner engsten Freundinnen ist ein Experte darin, anderen etwas nachzutragen. Er ersinnt Rachefeldzüge, bei denen ich vor Neid erblasse. Sie sind raffiniert und manchmal sogar mit rechtlichen Schritten verbunden. Gäbe es einen Nobelpreis für Rache, hätte er ihn längst bekommen.

Ich halte es grundsätzlich für harmlos, jemandem etwas zu verübeln. Oft wissen diejenigen, die den Groll hegen, wie albern das ist. Hass dagegen ist nichts Albernes. Und Hass scheint sich immer weiter auszubreiten.

Meine Eltern, die jeden Grund gehabt hätten, Hassgefühle zu entwickeln, haben nie jemanden gehasst. Als Opfer des Hasses konnten sie Hass in keiner Form tolerieren. Sie machten den Mund auf und schritten sofort ein, wenn sie Zeuge wurden, wie jemand eingeschüchtert oder diskriminiert wurde.

Kurz nach der Ankunft meiner Eltern in Australien beschimpfte ein betrunkener Australier meinen Vater als dreckigen Ausländer und fing an, ihn herumzuschubsen. Meine Mutter versetzte dem Betrunkenen einen Faustschlag, der ihn außer Gefecht setzte. Fünfundsechzig Jahre später ist mein Vater immer noch stolz auf diesen Faustschlag. Jedes Mal, wenn er die Geschichte erzählt, vergisst er nicht, hinzuzufügen, dass der Mann wieder auf die Beine kam und nicht ernsthaft verletzt war.

Vor vielen Jahren habe ich eine frühere Schulfreundin meiner Mutter kennengelernt, die auch eine Auschwitz-Überlebende war. Ihre Sanftmut und Empfindsamkeit beeindruckten mich. Sie hatte ihre dreißigjährige Tochter verloren, ein Einzelkind, dem ihre ganze Liebe gegolten hatte.

Und trotz eines Lebens voller Tragödien und unsäglichem Grauen trug sie keinen Zorn in sich. Sondern nur Mitgefühl und Zuwendung. Sie plauderte mit meiner Mutter über die Schulzeit. Sie erzählte von ihrem Leben im Todeslager. Sie erzählte von ihrer gescheiterten ersten Ehe.

Wir aßen zusammen in einem Schnellimbiss in Los Angeles. Sie erklärte uns lachend, sie könne kein Huhn essen, weil sie mit einem Hühnerzüchter verheiratet gewesen war und während ihrer Ehe jeden Abend die notgeschlachteten Hühner essen musste.

Die Schulfreundin meiner Mutter erzählte von den Eltern und Geschwistern, die sie verloren hatte. Sie sprach von ihrer Tochter, sie sprach von ihren Seelenqualen. Sie sprach über viele Dinge. Und nicht ein einziges Wort, das sie äußerte, kündete von Zorn oder Hass.

Hass entsetzt mich. Erschreckt mich und deprimiert mich. Und der Hass scheint nie auszurotten zu sein. Im April 2014 eröffnete Frazier Glenn Miller, der Hitler den »größten Mann, den die Erde gekannt hat«, nannte, mit einem Gewehr das Feuer auf ein vollbesetztes jüdisches Gemeindezentrum in Kansas.

Millers Todesschüsse trafen einen Arzt und seinen Enkel; dann zog der Schütze weiter zu einem jüdischen Altersheim und erschoss eine Frau, die drei unmündige Kinder hinterließ. Als Miller von der Polizei abgeführt wurde, rief er immer wieder: »Heil Hitler!« Keines seiner Opfer war Jude.

Intelligente Journalisten wie Frank Bruni haben sich große Mühe gegeben darzulegen, dass es sich bei den meisten Amokschützen in den USA nicht um politische Extremisten wie Frazier Glenn Miller handle.

Im Jahr 2012 gingen laut FBI 6573 Verbrechen auf das Konto von Amokläufern. Zwanzig Prozent der Taten standen in Zusammenhang mit den vermeintlichen religiösen Überzeugungen der Opfer. Und fünfundsechzig Prozent dieser Verbrechen wiederum richteten sich gegen Juden. Diese Zahlen entsetzen mich. Sie entsetzen mich ebenso wie die Untersuchung der Anti-Defamation League im vergangenen Jahr, die ergab, dass vierzehn Prozent der befragten Erwachsenen der Ansicht sind, Juden hätten zu viel Macht in diesem Land; und fünfzehn Prozent waren der Ansicht, dass Juden eher als andere zu zwielichtigen Geschäftspraktiken neigten.

Juden machen etwa zwei Prozent der amerikanischen Bevölkerung aus. Aber die Leute scheinen zu denken, wir seien überall. Und führten nichts Gutes im Schilde.

Noch entsetzter war ich, als das United States Holocaust Memorial Museum letztes Jahr nach dreizehn Jahren Forschungsarbeit bekanntgab, man habe 42 500 Ghettos, Zwangsarbeitslager und Konzentrationslager in den von den Nazis besetzten Gebieten Europas verzeichnet.

Seit Jahrzehnten beschäftige ich mich mit dem Holocaust. Meine Bibliothek enthält Hunderte von Büchern zu diesem Thema. Aber diese Zahlen machen mich sprachlos. In meinem Alltagsleben treffe ich nicht auf Antisemitismus. Und ich bin ihm nur selten begegnet. Auf meinen Reisen aber ist er mir ab und zu aufgefallen.

So vieles in unserer Welt scheint sich ändern zu können, aber der Antisemitismus scheint eine konstante Größe zu sein. Die Art konstanter Größe jedoch, die weder beruhigend noch wünschenswert ist.

Anton Tschechows verstörender Befund, Liebe, Achtung und Freundschaft trügen weniger dazu bei, die Menschen zu einen, als gemeinsamer Hass, ist offenbar von zeitloser Gültigkeit.

Orientierungsschwäche

Das West Village ist eine meiner Lieblingsgegenden in New York. Die kleinen Straßen, kleinen Läden, kleinen Parks und kleinen Restaurants und Cafés verleihen der Gegend eine beinahe magische Dimension. Vor einem Laden im West Village sah ich einmal ein Schild, auf dem stand: *Denkt glückliche Gedanken, dann könnt ihr fliegen. (Peter Pan)* Es wäre schwer vorstellbar, in Midtown auf ein Peter-Pan-Zitat zu stoßen.

Rund um die Bleecker Street im West Village befinden sich einige meiner Lieblingsgeschäfte. Li-Lac Chocolates, Murray's Cheese und Amy's Bread. Bei Amy's gibt es Schokoladenbrötchen, die mich um den Verstand bringen könnten. Es sind in sich verdrehte Weißbrotstangen, versetzt mit Stücken sehr guter bitterer Schokolade. Ich ermahne mich, nie mehr als ein Brötchen auf einmal zu kaufen.

Ein großer Teil der Straßen New Yorks ist gitterförmig angelegt. Dieses Raster basiert auf dem Commissioners' Plan von 1811. Leider sind die Straßen im West Village im achtzehnten Jahrhundert vor dem wohldurchdachten rechtwinkligen System entstanden. Die Straßen im West Village sollen so angelegt worden sein, dass jede der Straßen sich auf den Hudson River bezieht. Dieses Muster ist nicht so leicht zu erkennen.

Anders als die meisten Straßen in New York, auf denen man sich kaum verlaufen kann, haben die Straßen im West Village die Eigenschaft, eigenwillig ihre Richtung zu ändern. Mehr als einmal war ich zuversichtlich in die richtige Richtung aufgebrochen und hatte mich plötzlich gründlich verirrt.

Manche der Straßen im West Village haben sogar Nummern. Diese Nummern wurden im neunzehnten Jahrhundert zugewiesen. Aufs Geratewohl, wie mir scheint. Die West 4th Street kreuzt die West 10th, 11th und 12th Streets und endet an der Einmündung in die West 13th Street. West 12th Street liegt drei Häuserblocks von der Little West 12th Street entfernt, die einen Block von der West 13th Street entfernt ist. Diese Art der Nummerierung ist geradezu prädestiniert, vielen Leuten Kopfschmerzen oder Albträume zu bereiten.

Tatsächlich habe ich wiederkehrende Albträume, in denen ich Straßen entlangwandere, die nie dorthin führen, wohin sie führen sollten. Albträume, in denen ich nie mein Ziel erreiche. Und nie nach Hause zurückkomme. In diesen Albträumen führen die Straßen meistens in verlassene, bedrohlich wirkende Gegenden, aus denen es kein Entkommen gibt.

Albträume habe ich, seit ich denken kann. Manchmal habe ich sie wochenlang oder gar monatelang Nacht für Nacht. Angenehme Träume träume ich selten. Ich glaube, das ist bei Kindern von Menschen, die eine Katastrophe überlebt haben, nicht ungewöhnlich.

Zahllose Studien wurden über das Weiterreichen des Traumas von Holocaust-Überlebenden an ihre Kinder veröffentlicht. Albträume, Ängstlichkeit und die Erwartung von Katastrophen sind einige der verbreiteten Symptome, die Kinder Überlebender von ihren Eltern geerbt haben.

Da ich so kurz nach dem Krieg geboren wurde und das erste Kind von zwei Überlebenden war, die fast alle Verwandten verloren hatten, und da ich einen Sohn »ersetzte«, der im Ghetto gestorben war, gehöre ich zu der Kategorie von Kindern, die vermutlich in besonderem Ausmaß von den Auswirkungen der Traumatisierung ihrer Eltern betroffen sind. Ich erfülle sechs der sieben Voraussetzungen für diese Gruppe.

Ich brauche morgens durchschnittlich eine Stunde, um mich von meinen Albträumen zu befreien. Ich mache meine Übungen, erledige dies und das, und manchmal mache ich einen

Spaziergang. Ich tue alles Mögliche, um mich von der vergangenen Nacht zu befreien.

Bei diesen frühmorgendlichen Spaziergängen meide ich das West Village. Zum Glück sind die meisten übrigen Straßen New Yorks übersichtliches Terrain. Obwohl ich mich überall verirren kann. In Hotels verirre ich mich regelmäßig, und ich kenne mehr Hotelwäschekammern als nötig. Ich kann mich sogar im Flugzeug verirren, was die meisten Leute nicht fassen können, aber es ist wahr und nicht sehr angenehm. In mehr als einem Flugzeug habe ich die Sitzreihen abgesucht, ohne meinen Sitz finden zu können.

Diesen mangelnden Orientierungssinn habe ich geerbt. Mein Vater hat mich schon oft von Straßenecken aus angerufen, die nur wenige Minuten von seiner Wohnung entfernt sind. Er rief mich an, weil er sich verirrt hatte. Ich bin ganz sicher nicht die richtige Person, die man anrufen sollte, wenn man sich verirrt hat. Meistens dauert es Minuten, bis ich begreife, dass mein Vater fast vor seiner Haustür steht. Er ist nur aus einer Richtung gekommen, aus der er sonst nie kommt. Und das hat die ganze Verwirrung ausgelöst.

Meine jüngere Tochter rief mich eines Abends an, um sich zu erkundigen, ob die Greenwich Avenue oder die Greenwich Street von der Sixth Avenue abzweigt. Sie hatte eine Verabredung und war spät dran. Greenwich Street und Greenwich Avenue, zwei bemerkenswerte Straßen, bin ich Hunderte Male entlanggegangen. Aber bei der Frage meiner Tochter streikte mein Gehirn.

Ich machte mich sofort daran, herauszufinden, welche der beiden Straßen welche war. Greenwich Avenue zweigt von der Sixth Avenue ab. Greenwich Street beginnt dort, wo die Ninth Avenue endet, und verläuft mit ein paar Unterbrechungen bis zu Battery Park City.

Dieses mangelnde Orientierungsvermögen scheint in unserer Familie in den Genen zu liegen. Mein Vater ist davon betroffen, ebenso mein Sohn, meine jüngere Tochter und mein Cousin Adam. Keiner von uns findet irgendwohin. Geschweige denn zurück.

Zumindest kann meine Familie Stadtpläne und Karten lesen. Ich habe einmal auf einer Weltkarte Indien gesucht. Indien ist kein Zwergstaat. Ich konnte das Land nicht finden. Der Sohn meiner Tochter fand es. Er war damals vier.

In einem Gebäude der New Yorker Universitätsklinik brauchte ich einmal dreißig Minuten, um zurück zum Aufzug zu finden, nachdem ich aus Versehen im falschen Stockwerk ausgestiegen war. Wenn ich nicht immer viel zu früh dran wäre, hätte ich mich bei diesem Termin mit dem Dermatologen verspätet.

Eine Unterhaltung im Aufzug hatte mich abgelenkt. Man kann in New York zahllose Male Aufzug fahren, ohne dass einen je irgendjemand anspricht. Und als mich in jenem Aufzug nun eine Frau unvermittelt etwas fragte, zuckte ich erschrocken zusammen. Die Frage machte mich ebenfalls fassungslos.

»Was für eine Tönung benutzen Sie?«, fragte sie mich. Das hatte mich noch nie jemand gefragt. Wenigstens nicht außerhalb eines Friseursalons. Und selbst dort werde ich das nicht oft gefragt, denn ich gehe seit fünfzehn Jahren zum selben Friseur, Bryan aus Brisbane.

Ich finde, das ist eine ziemlich persönliche Frage, obwohl sie vielleicht nicht viel persönlicher ist als die Frage, wie es einem geht.

»Hellbraun, glaube ich«, sagte ich.

»Hellbraun heißt keine Tönung«, sagte sie. »Sie wissen doch die Nummer der Farbe und die Marke.«

»Ich glaube, es ist eine Mischung aus Goldwell G7 und N7«, sagte ich.

»In welchem Mischungsverhältnis?«, fragte sie.

»Das weiß ich nicht«, sagte ich.

»Das müssen Sie doch wissen«, sagte sie.

»Ich vermute, halb und halb«, sagte ich.

Inzwischen kam ich mir vor wie bei einem Verhör durch das FBI. In Gegenwart von etwa zehn sehr schweigsamen Zeugen, die sehr still neben uns standen. Ich bezweifle, dass sie sich sonderlich für die Einzelheiten meiner Tönung interessierten.

»Danke«, sagte die Frau. »Die Farbe gefällt mir sehr gut.«

Ich glaube, das war der Punkt, an dem ich im falschen Stockwerk ausstieg. Mir war plötzlich eingefallen, dass Bryan vor kurzem die Farbe geändert hatte. »Ach, mir fällt gerade ein, dass mein Friseur seit neuestem Wella benutzt«, sagte ich. »Wella 7/0 und Wella 7/3«, sagte ich. »Halb und halb«, rief ich, als ich ausstieg. Im falschen Stockwerk.

Ich bin dafür bekannt, dass ich mich verirre. Ich habe mich einmal in einer Wohnung verirrt, in der Kunstwerke im Wert von Millionen Dollar an den Wänden hängen. Ich bin an Van-Gogh-Gemälden vorbeigeirrt, einem Stillleben von Cézanne, einer Reihe von Matisse-Bildern, ein paar Bildern von Jasper Johns und einem Raum mit einer Gruppe auf Hochglanz polierter bronzener Brancusi-Skulpturen, und dabei wollte ich nur den Weg zurück zum Esstisch finden.

Im Lincoln Center for the Performing Arts habe ich mich mehr als ein Mal verirrt. Nicht, weil ich in dem Gebäudekomplex umhergewandert wäre, sondern weil ich in mehreren der Säle auf dem Rückweg von der Toilette nicht mehr zu meinem Sitzplatz zurückfinden konnte. Zuletzt habe ich mich in der Metropolitan Opera verirrt.

Ich habe mir dort keine Oper angesehen, sondern eine Ballettaufführung. Ins Ballett war ich gegangen, weil die Tochter meines Sohns für Ballett schwärmt. Seit ihrem vierten Lebensjahr. Sie ist sechs.

Bis dahin hatte ich Ballett für eine Abfolge von Tanzschritten gehalten, die von sehr dünnen jungen Frauen in zu viel Rosa vollführt werden. Weil das kleine Mädchen mir die Handlung jedes Balletts erklärte, das wir zusammen besuchten, begann ich mehr vom Ballett zu verstehen. Inzwischen bin ich fast ballettbegeistert. Aber ich verirre mich nach wie vor, wenn ich zu meinem Sitzplatz zurückfinden will.

Ich verirre mich seit Jahrzehnten. Nicht lange nach unserer Ankunft in New York suchte ich die Praxis einer Psychoanalytikerin auf. Sie behandelt nicht selbst, sondern überweist einen zu einem passenden Psychoanalytiker. Mein Psychoanalytiker in Melbourne hatte sie mir empfohlen.

Fünfzig Minuten lang zählte ich meine Symptome auf und das, was meine früheren Psychoanalytiker dazu zu sagen gehabt hatten. Fünfundzwanzig Jahre zuvor hatte ich bereits zwei Analysen hinter mir gehabt. Nach diesen fünfzig Minuten verließ ich das Konsultationszimmer atemlos und mit rotem Kopf. Ich sah mich nach meinem Mantel um, den ich in einem Wandschrank im Wartezimmer aufgehängt hatte. Er war nicht im Schrank. Stattdessen war der Schrank voller Frauenkleidung.

Ich war in das Schlafzimmer der Psychoanalytikerin geraten. Bis heute weiß ich nicht, wie ich dahin gelangt bin. Und wie ich den Rückweg gefunden habe. Mein Mann lachte zwei Tage lang, nachdem ich ihm diese Geschichte erzählt hatte. »Auf jeden Fall bist du nicht zur Taxifahrerin oder Fremdenführerin bestimmt«, sagte er.

Sunnyside

Ich bin seit Jahren von einem Friedhof fasziniert. Dieser Friedhof ist riesengroß. Er scheint sich meilenweit zu erstrecken. Bis auf die völlige Stille wirkt er wie eine Metropole.

Seit zwanzig Jahren sehe ich diesen Friedhof aus dem Bus von Midtown Manhattan nach Long Island. Meistens sind mein Mann und ich dann auf dem Weg nach Shelter Island, einem sehr ruhigen Ort, wo ich oft schreibe.

Keiner der anderen Passagiere verrenkt sich den Hals, um so viel wie möglich von diesem dicht bevölkerten Ort der letzten Ruhe zu sehen. Aber ich kann den Blick nicht abwenden.

Von der Schnellstraße aus sieht der Friedhof ziemlich überfüllt aus. Grab um Grab mit toten Menschen darin. Die Grabsteine scheinen sich fast zu berühren. Gräber, so weit das Auge reicht.

Dieser Friedhof fasziniert mich und entsetzt mich gleichermaßen. »Dort will ich auf keinen Fall begraben werden«, sage ich jedes Mal zu meinem Mann. »Ich bekäme Platzangst, wenn ich dort begraben wäre«, füge ich hinzu. Er ist so nett, mich nie darauf aufmerksam zu machen, dass ich dann tot wäre und also nicht mehr imstande, an Klaustrophobie oder Agoraphobie oder irgendeiner anderen Art von Phobie zu leiden.

Ich hätte mir keine Sorgen darüber machen müssen, dort begraben zu werden. Was ich nicht wusste, war, dass ich dort gar nicht begraben werden kann. Es ist ein römisch-katholischer Friedhof. Ich bin Jüdin. Und nicht einmal mit einem Mann römisch-katholischer Konfession verheiratet.

»Ich möchte zu diesem Friedhof fahren«, sagte ich eines

Morgens zu meinem Mann. Mein Mann ist es gewohnt, dass ich schlaftrunken die sonderbarsten Dinge sage. Ihn kann nichts erschüttern. »Er heißt Calvary Cemetery und liegt in Queens«, sagte ich.

»Dass er in Queens ist, weiß ich«, sagte er. Natürlich weiß er das. Die meisten Fahrgäste, die regelmäßig auf dem Long Island Expressway unterwegs sind, wissen, wann der Bus durch Queens kommt. Ich nicht. Mangelndes Orientierungsvermögen kann einem manches erschweren.

Ich fand die Vorstellung aufregend, den Calvary Cemetery zu besuchen. Er ist einer der größten Friedhöfe Amerikas und auch einer der ältesten. 1848 eröffnet, bedeckt er eine Fläche von dreihundertfünfundsechzig Morgen Land.

Ich fragte mich, ob wir in Queens übernachten sollten. Dreihundertfünfundsechzig Morgen sind eine große Fläche für einen Besucher. Ich fand nur ein einziges Hotel mit vernünftigen Preisen, das halbwegs in der Nähe des Friedhofs lag. Es hieß Boulevard Inn.

Ich rief beim Boulevard Inn an. Ich fragte nach dem Übernachtungspreis eines Zimmers mit französischem Bett für eine Nacht. »Neunundneunzig Dollar«, sagte der Mann am anderen Ende der Leitung. Der Preis war in Ordnung. Ich wollte das Zimmer gerade reservieren, als er fragte: »Was für eine Art Zimmer wünschen Sie und für wie lange?« Er hatte mich ganz offensichtlich nicht verstanden. Ich nahm an, dass es an meinem australischen Akzent lag.

»Ich hätte gern ein Zimmer mit französischem Bett für eine Nacht«, sagte ich langsam und deutlich.

»Für die ganze Nacht?«, fragte er.

»Ja«, sagte ich. »Wie viel kostet es am Wochenende?«

»Das würde ich Ihnen nicht raten«, sagte er.

»Ist es am Wochenende laut?«, fragte ich.

»Manchmal«, sagte er, und er klang irritiert. Mittlerweile

war mir das Boulevard Inn nicht mehr ganz geheuer. »Ich melde mich wieder«, sagte ich.

Ich sah mir die Anzeige für das Boulevard Inn nochmals an. »Paare erwünscht«, stand dort. Ich nahm an, dass man in dem Hotel keine Kinder wünschte, die herumrennen. Das sollte mir recht sein. Sie warben auch mit »runden Betten«. Das hielt ich für einen cleveren Einfall, um der Konkurrenz zuvorzukommen. Sie boten »Spiegelzimmer« an und »Möglichkeiten für die schönsten Erlebnisse, die man sich vorstellen kann«. Die Spiegelzimmer stimmten mich unbehaglich, aber ein Hotelzimmer mit einem guten Spiegel weiß ich grundsätzlich zu schätzen. Was ich übersehen hatte, waren die »Sondertarife für Tages- und Abendbuchungen«.

Aber den Friedhof tagsüber zu besuchen fand ich immer noch aufregend. Man muss nach Sunnyside, Queens, fahren, wenn man auf den Calvary Cemetery will. Das war schon verlockend genug. Der Name Sunnyside gefällt mir. Ich fragte mich, ob ich ein unbeschwerterer Mensch wäre, wenn ich in Sunnyside lebte.

Es ist nicht schwer, nach Sunnyside zu kommen. Man nimmt den Zug Nummer 7, steigt an der 40th Street aus und ist mitten in Sunnnyside.

Sunnyside ist ein fröhlicher Ort. Kaum war ich dort angekommen, war ich beinahe fröhlich gestimmt. Es ist wie ein Dorf, nur größer. Und ethnisch vielfältiger als jedes Dorf, das ich je gesehen habe. Sunnyside ist sauber und ruhig. Keine Spuren von Vandalismus oder sonstiger mutwilliger Zerstörung. Es ist nicht viel los. Hier wohnen bescheidene Menschen, die arbeiten und ihr Leben leben wollen.

Es ist nicht trendy. Nicht prätentiös. Nichts ist im Verfall begriffen. Sunnyside wirkt sehr bodenständig. Es gibt kaum Franchise-Unternehmen und Ladenketten. Nur Läden, die einzelnen Besitzern und Familien gehören. Man muss sich nicht herausputzen oder sein Outfit überprüfen, bevor man das Haus verlässt.

Sunnyside ist auch eine gute Adresse, wenn man Hunger hat. Innerhalb einer Strecke von sieben Häuserblocks vom Queens Boulevard aus kann man die Küche von siebenundzwanzig Ländern kosten. Unter anderem kann man rumänisch, indisch, ungarisch, italienisch, mexikanisch, türkisch, japanisch, chinesisch, thailändisch, kolumbianisch, amerikanisch, irisch, libanesisch essen und auch die Länderküchen des Himalaya und Nepals probieren.

Es gibt zwei irische Pubs, in die man sein eigenes Essen mitbringen kann. Darüber musste ich lachen. Ich dachte mir, wir sollten auch jüdische Restaurants haben, in denen die Getränke Sache der Gäste wären. Wir Juden trinken im Allgemeinen nicht viel. Wir essen.

In Sunnyside habe ich zu viel gegessen. Die ganze sonnige Atmosphäre hat mich verleitet, zu viel zu essen. Die gezuckerten Guavenbrötchen in der kolumbianischen Bäckerei El Buen Sabor waren mein Untergang. Mein Mann erlag den Wurstbrötchen im Butcher's Block, einem großen irischen Lebensmittelladen. Nach einigen Stunden des Stöberns und Essens machten wir uns schließlich auf den Weg zum Friedhof.

Von nahem nimmt sich der Calvary Cemetery immer noch sehr groß aus, aber nicht mehr überfüllt. Eher friedvoll. Ich hatte mir Nachbarn vorgestellt, in drangvoller Enge nebeneinander begraben, die sich noch im Grab zankten. Ich hatte geglaubt, es gäbe dort keine Privatsphäre. Jeder, der dort interniert war, könnte sehen, was all die anderen Internierten taten.

Für mich haben Friedhöfe immer etwas sehr Lebendiges. Wie Städte und Dörfer und andere Orte voller Menschen. Friedhöfe bringen meinen felsenfesten Glauben daran, dass es kein Leben im Jenseits gibt, ins Wanken.

Der Calvary Cemetery verzeichnet eine Liste von *Grabstät-*

ten berühmter Menschen. Die Berühmtheiten sind nach Kategorien aufgelistet. Berühmte Sportler, berühmte Entertainer, berühmte Militärs, berühmte Beamte des Gesetzesvollzugs und berühmte Gestalten der organisierten Kriminalität.

Auf der Liste stehen lediglich zwei Beamte des Gesetzesvollzugs, aber einundzwanzig berühmte Gestalten der organisierten Kriminalität. Diese berühmten Gesetzesbrecher haben fantastische Namen. Unter ihnen befinden sich Ignatius »Lupo der Wolf« Wolf und Peter »Giuseppe« Morello, das Oberhaupt des kriminellen Morello-Clans, auch bekannt als »die Kralle«. Und Natale »Diamanten-Joe« Evola. Bei vielen der Verbrecher ist auch ihr Spezialgebiet angegeben. Joseph Lanza wird zu den Drogenhändlern und Gangstern gezählt, während Michael »Mickey« Spillane nur als Gangster geführt wird.

Ich weiß nicht, warum der Friedhof die Anzahl seiner Mitglieder des organisierten Verbrechens und den Mangel an Beamten des Gesetzesvollzugs herausstreicht. Heutzutage jedenfalls scheint hier alles seine Ordnung zu haben.

Der Friedhof nimmt sich auch wesentlich gemütlicher aus, als vom Bus aus gesehen. Und weniger beengt, obwohl drei Millionen Tote hier ruhen. Die Atmosphäre ist friedlich. Man hat den Eindruck, als würden Nachbarn endlich nicht mehr miteinander zanken und als wären Streitigkeiten zwischen Verwandten endlich beigelegt.

Alles atmet Reife und Gelassenheit. Keiner der Bewohner in den Gräbern trinkt zu viel oder schluckt zu viele verschreibungspflichtige Medikamente. Keiner von ihnen sorgt sich um sein Geld. Oder wegen seiner Haare. Oder seiner Kinder. Keiner hat vor, eine Diät zu machen. Es gibt keinen Stress.

Ich muss mir ins Gedächtnis rufen, dass es dort auch kein Leben gibt.

Schwangerschaft

Als die Nachricht von Chelsea Clintons Schwangerschaft verkündet wurde, hielt sich niemand lange mit Glückwünschen auf. Etwa zwei Sekunden nach der Bekanntgabe wurde schon über die Auswirkungen dieser Nachricht auf die Politik spekuliert. Obwohl Chelsea Clinton sich um kein politisches Amt bewirbt. Und ihr Baby ebenso wenig.

Die Aufregung galt ausschließlich Chelseas Mutter, die sich möglicherweise für 2016 um das Amt der Präsidentschaft der Vereinigten Staaten bewerben könnte. Wenige Minuten, nachdem Chelsea gesagt hatte, wie sehr sie und ihr Mann sich auf ihr erstes Kind freuten, wurde über ihre Mutter Hillary Clinton wild spekuliert.

Es gab neue Thesen, neue Schlagzeilen, neue Fragen, neue Vermutungen. Hatte Hillary diese Schwangerschaft in die Wege geleitet, um im Wahlkampf für 2016 sympathischer zu wirken? Hatte Hillary diese Schwangerschaft von langer Hand geplant? War es denkbar, dass Hillary den Eisprung ihrer Tochter überwachte und im passenden Augenblick alles für eine Schwangerschaft in die Wege leitete?

Wenige Mütter sind in der Lage, die Schwangerschaft ihrer Tochter zu planen. Obwohl die Juristin Hillary eine First Lady, eine Senatorin und eine Staatsministerin war, möchte ich bezweifeln, dass es ihr möglich gewesen wäre, die Schwangerschaft ihrer Tochter nach eigenem Ermessen zu steuern. Ganz abgesehen davon, dass es selbst für die künftigen Eltern nachweislich nicht so einfach ist, eine Schwangerschaft nach eigenem Ermessen zu steuern.

Chelsea sah ziemlich glücklich aus, als sie ihre Schwangerschaft verkündete. Aber niemand schenkte ihr sein Augenmerk oder redete über sie.

Manche Kommentatoren bezogen sich ausschließlich auf das Baby. Es waren fast ausnahmslos Leute vom rechten Flügel, erbitterte Gegner der Abtreibung, die umgehend darauf hinwiesen, dass Chelsea erklärt habe, mit einem Kind schwanger zu sein und nicht mit einem Fötus oder einem Zellhaufen. Das ist eine befremdliche Reaktion darauf, dass eine Frau gesagt hat, sie freue sich auf ihr Kind.

Die *New York Post* übertraf sich selbst mit der Veröffentlichung eines Übelkeit erregenden offenen Briefs an das Baby, das der Verfasser als »Fötus« ansprach, um die blindwütigen Abtreibungsgegner zu erfreuen. Die Schlagzeile der *New York Post* lautete: »Ein offener Brief an den Fötus Chelsea Clintons«.

In anderen Medien wurde darüber spekuliert, ob Chelseas Baby eines fernen Tages vielleicht Präsident werden würde. Verschiedene Korrespondenten erwogen die Frage, was Chelseas Baby vom Zustand der Menschenrechte in China oder von der Lage in der Ukraine halten könnte. Ich bin mir nicht sicher, dass diese Themen das Baby zu jenem Zeitpunkt vorrangig umtrieben. Schließlich hatte es noch einige Monate des Werdens vor sich, bevor es mit etwas anderem als mit der eigenen Person konfrontiert sein würde.

Die jüdischen Medien befassten sich ebenfalls mit dem Baby. Die vorrangige Frage war die, ob das Baby jüdisch sein würde.

Orthodoxe und konservative Juden erkennen ein Kind dann als jüdisch an, wenn seine Mutter Jüdin ist. Eine der wenigen Gelegenheiten im orthodoxen Judentum, wo Frauen etwas gelten. Chelsea ist eindeutig keine Jüdin. Ihr Ehemann Marc Mezvinsky ist Jude.

Die *Jewish Press*, die orthodoxe Zeitung aus Brooklyn, erklärte: »Chelsea Clinton schwanger mit nichtjüdischem Kind.«

Reformjuden und liberale Juden sind wesentlich flexibler. Für sie gilt ein Baby als jüdisch, wenn es jüdisch erzogen wird. Ich bin sehr für religiöse Flexibilität. Aber worin besteht eine jüdische Erziehung? Bedeutet sie, dass man in die Synagoge geht? Bat Mitzwas und Bar Mitzwas feiert? Oder reicht es aus, dass man zu einer Familie gehört, in der viel geredet wird und alle sich dauernd Sorgen machen?

Aber in den meisten Berichten ging es nicht um das Baby. Es ging um Hillary. Hillary war wieder in aller Munde. Man feierte sie als die erste amerikanische Politikerin, die in so prominenter Position Großmutter werden würde. Was ist das denn bitte für eine Kategorie? Hunderte von amerikanischen amtierenden Politikern und solchen, die sich um ein Amt bewerben, sind Großväter. Sie werden nicht kategorisiert. Sie werden nicht durchnummeriert. Niemand interessiert sich für sie. Jedenfalls nicht für sie in ihrer Eigenschaft als Großvater.

Aber eine Großmutter ist offenbar etwas völlig anderes. Eine andere Galaxie. Die meisten Mutmaßungen über Hillary als Großmutter waren verwegen und schlimmer als das. Man hätte meinen können, Hillary wäre diejenige, die schwanger ist.

Es ging bei alldem nicht darum, was Chelseas Schwangerschaft in Chelsea bewirken würde, sondern einzig und allein darum, was Chelseas Schwangerschaft in Hillary bewirken könnte.

Als George W. Bush Großvater wurde, drehte sich in den Nachrichten alles um das Baby. Nicht um George. Es gab zahllose Gratulationsartikel und Fotos. George war schon nicht mehr Präsident, als das Enkelkind geboren wurde, aber ich weiß, dass es sich nicht anders verhalten hätte, wenn er noch Präsident gewesen wäre oder für die Präsidentschaft kandidiert hätte. Niemand hätte seine Fähigkeit, sich auf das zu konzentrieren, was vorrangig war, in Frage gestellt.

George W. Bushs jüngerer Bruder Jeb, früherer Gouverneur

von Texas, gilt heute hinter vorgehaltener Hand als Kandidat für die Präsidentschaft von 2016. Er ist Großvater. Niemand hat sich damit befasst, welche Auswirkungen sein Großvatersein auf ihn oder dieses Amt haben könnte. Oder Jeb Bushs Alter thematisiert. Jeb Bush ist nur wenig jünger als Hillary.

Hillarys Alter war immer ein gewichtiges Argument der Anti-Hillary-Bewegung. Endlos wurde heruntergebetet, dass Hillary mit ihren siebenundsechzig Jahren zu alt sei. Männer im Alter von siebenundsechzig sind offenbar nicht zu alt. Als Hillary Großmutter wurde, nahm der Klatsch über ihr Alter besorgniserregende Ausmaße an.

In den Tagen nach der Bekanntgabe von Chelsea Clintons Schwangerschaft tippten so viele Leute das Wort Großmutter ein wie nie zuvor. Es flog von Tastaturen in Computer, Smartphones, Tablets, Zeitungen und Zeitschriften.

Großmutter. Ein Wort, das alt macht. Großmutter klingt nach einer alten Frau, Großvater klingt großartig. Das Groß in Großvater lässt einen nicht unwillkürlich an Altersschwäche, Gehschwäche oder gar Altersdemenz denken. Ich bin eine Großmutter. Ich komme mir nicht alt vor. Ich habe keine Gehschwäche und fühle mich nicht dementer als früher.

Ich bin Großmutter, denke aber nicht oft von mir als von einer Großmutter. Ich spreche von den Kindern meiner Kinder. Nicht von meinen Enkelkindern. Das klingt irgendwie weniger biologisch determiniert und weniger besitzergreifend.

New York ist eine Stadt, in der Leute sich nicht viele Gedanken darüber machen, ob man Enkelkinder hat oder nicht. Ich glaube, mich hat hier noch nie jemand gefragt, ob ich Enkelkinder habe. Ich wurde auch fast nie gefragt, ob ich Kinder habe. Die New Yorker interessieren sich viel mehr dafür, wer man selbst ist, als dafür, wer die eigenen Kinder sind.

Ich spreche gern über meine Kinder und ihre Kinder. Nicht unentwegt. Aber ich spreche über sie. Und ich liebe sie leidenschaftlich. Aber das Wort Großmutter gefällt mir nicht. Ich wollte, dass die Kinder meiner Kinder mich Lily nennen. Meine Kinder haben mich immer Lily genannt – oder Lil, was mir nicht besonders zusagt. Und meine Kinder haben darauf bestanden, dass ihre Kinder mich Nana nennen. Nana sagten meine Kinder zu meiner Mutter.

Meine Kinder haben sich durchgesetzt. Ihre Kinder nennen mich Nana. Und es klingt nicht schlecht. Großmutter klingt nicht gut.

Hillary Clinton, eine Frau, die unendlich viel geleistet hat und vielleicht die berühmteste und am meisten bewunderte Frau der Welt ist, scheint auf einmal untrennbar mit dem Wort Großmutter verbunden zu sein. Mit einem nicht gerade schmeichelhaften Beigeschmack.

Das Wort Großvater scheint nicht so unerquickliche Konnotationen heraufzubeschwören wie das Wort Großmutter. Es hat keinen Beigeschmack von Verfall und Beleidigung. Großvater von acht Kindern. Großvater von zehn Kindern. Das ruft Respekt und Bewunderung hervor und suggeriert Männlichkeit. Als hätte der Betreffende die Enkel selbst gezeugt.

Männer dürfen Großväter werden, ohne ihre Würde einzubüßen oder als alte Trottel zu gelten. Als Großmutter hat man es schwerer. Meine Kinder haben insgesamt acht Kinder. Acht bezaubernde Kinder. Ich bin die Großmutter von acht Kindern.

Bei den seltenen Anlässen, bei denen ich das erwähnt habe, wurde ich von den anderen gemustert, als hätte ich mich schlagartig verändert. Und nicht zum Besseren. Sie musterten mich, als hätte ich mich in eine andere Person verwandelt. Als wäre ich keine Schriftstellerin mehr oder die interessante Nachbarin oder Bekannte, für die sie mich gehalten hatten.

Obwohl ich mich selten als Großmutter betrachte, macht es

viel Spaß, Enkelkinder zu haben. Ich hoffe, Hillary wird mehr-
fache Großmutter werden. Das Weiße Haus ist geräumig genug für eine ganze Schar Enkelkinder.

Tiere

Spät in meinem Leben und erst kürzlich habe ich mich erstmals mit Tieren befasst. Das verdanke ich einem Dreijährigen. Er hat mir von Säugetieren, Primaten, Reptilien, Nagern und Beuteltieren erzählt. Und von Eidechsen, die ihren Schwanz abwerfen können, und von giftigen Krustenechsen, die Gilatiere heißen.

Er hat mir von einem Salamander im Garten seiner Eltern erzählt. Über Salamander hatte ich vorher nichts gewusst. Ich hatte nicht gewusst, dass sie als Amphibien im Wasser geboren werden, mit Kiemen, die dann durch eine Lunge ersetzt werden, damit der Salamander an Land leben kann. Ich hatte nicht gewusst, dass Salamander immer hungrig sind und sich von Fliegen und Käferlarven ernähren. Das sind viele Informationen, die man zu verarbeiten hat. Vor diesen Vorträgen hätte ich den Unterschied zwischen einem Flusspferd und einem Rhinozeros so wenig benennen können wie den zwischen einem Stinktier und einem Eichhörnchen. Mein Lehrer ist ein ausnehmend aufgeweckter Dreijähriger, und ich bin eine alles andere als aufgeweckte Erwachsene, wenn es um Tiere geht.

Mit Autos verhält es sich nicht anders. Mit Autos kenne ich mich überhaupt nicht aus. Sie sehen für mich alle gleich aus. Wenn ein Taxidienst mir mitteilt, ein schwarzer Toyota Avalon werde mich abholen, halte ich einfach nach einem schwarzen Wagen Ausschau. Wir besitzen ein altes Auto. Es ist weiß. Ich habe schon oft versucht, anderer Leute weiße Autos aufzuschließen.

In New York muss man sich nicht unbedingt mit Autos oder Tieren auskennen. Unweigerlich und fast immer unabsichtlich schnappt man einzelne Informationen auf. »Die Kleintierhaltung in New York hat gewaltig zugenommen«, sagte eine Nachbarin, die zwei Häuserblocks entfernt wohnt, neulich zu mir. »Viele Leute halten Ratten, Chinchillas, Frösche und Krebse als Haustiere.«

Ich hatte mich nach ihrem Ehemann erkundigt, der gestürzt war und sich den Arm gebrochen hatte. Ich wollte seinetwegen nicht unnötig besorgt klingen, deshalb erwiderte ich nichts. »Halten Sie keinen Chinchilla«, sagte sie. »Sie sind nachtaktiv und werfen gerne ihren Kot aus dem Käfig.«

Hätte ich jemals mit dem Gedanken geliebäugelt, mir einen Chinchilla zu halten, hätte diese Information meinen Wunsch im Keim erstickt. Aber ich hatte nichts dergleichen ins Auge gefasst. Ich hatte überhaupt nicht gewusst, was ein Chinchilla ist. Ich hielt es für besser, mir meine Ignoranz in dieser Hinsicht nicht anmerken zu lassen. »Haustiere sind nicht gerade mein Steckenpferd«, sagte ich.

Allem Anschein nach hatte sie nicht zugehört. »Viele Leute halten sich Kaninchen«, sagte sie. Gegen Kaninchen habe ich nichts. Ich habe mich einmal in ein Kaninchen mit Schlappohren verliebt, das im Schaufenster eines kleinen Bekleidungsgeschäfts in der Prince Street wohnte. Ich besuchte es regelmäßig. Und eines Tages machte der Laden zu. Niemand konnte mir sagen, was aus dem Kaninchen geworden war.

»Man braucht eine kaninchensichere Wohnung, wenn man ein Kaninchen halten will, denn Kaninchen müssen jeden Tag mindesten vier Stunden lang außerhalb ihres Käfigs spielen können«, sagte meine Nachbarin. Seit ich sieben oder acht war, habe ich nie mehr erwogen, ein Kaninchen zu halten. Ich weiß nicht, warum sie mich davor warnen wollte, ein Kaninchen zu halten. »Und Kaninchen leiden oft an Verdauungsbeschwerden«, sagte sie, »das heißt, man muss einen Kleintierarzt kennen.«

Einen Kleintierarzt? Ich musste mich aus dieser Unterhaltung befreien. Es gelang mir, aber erst nachdem ich alles über die New York Turtle and Tortoise Society gehört hatte, die sich um verlorengegangene oder ausgesetzte Schildkröten kümmert, und über die House Rabbit Society, die einem ein Kaninchen zur Adoption vermitteln kann. Und ich erfuhr, dass es in der Stadt mehrere Vereinigungen von Rattenhaltern gibt, die sich regelmäßig treffen, und dass es gar nicht so wenige Clubs von Reptilienhaltern gibt. Besonders diese Information erschien mir nicht gerade als Pluspunkt für New York.

All das brachte mir zu Bewusstsein, wie viele Geschäfte mit Haustierbedarf es in New York gibt. Wer in der Stadt spazieren geht, könnte leicht auf den Gedanken kommen, die New Yorker hätten nichts anderes zu tun, als sich um ihre Haustiere zu kümmern. Tierhandlungen, so weit das Auge reicht. Sie tragen Namen wie Parrots and Pups, Unleashed, Pet Central, The Barking Zoo, Le Petit Puppy und Whiskers Holistic Pet Store.

Whiskers bietet eine Liste ganzheitlich arbeitender Veterinäre und einen ganzheitlichen Tier-Akupunkteur an. Für Tierhalter, die keinen ärztlich ausgebildeten Veterinär und keinen Tier-Akupunkteur aufsuchen wollen, hält Whiskers eine Liste von Tierheilpraktikern bereit. Wie behandelt ein Heilpraktiker Haustiere? Behandelt er sie mit Hypnose? Mit Yoga? Mit Psychoanalyse?

In einer der Tierhandlungen kann man angsthemmende Hundekleidung bestellen. Diese Kleidung tröstet und beruhigt Hunde offenbar so, wie Windeln Babys beruhigen und trösten. Heutzutage, erklärte mir ein Verkäufer in dem Laden, seien Hunde mehr Ängsten ausgesetzt als früher. Sie litten an Trennungsängsten und könnten durch Verkehrslärm und Gewitterstürme nervös werden. Im selben Laden gab es auch Nahrungszusätze für Haustiere mit Nervenleiden.

New York City ist die sicherste Großstadt der USA, hat Bürgermeister Bloomberg den New Yorkern Ende 2013 versichert. Seit 1990 hat die Stadt einen dramatischen Rückgang der Kriminalität erlebt. Im vergangenen Jahr hatte die Mordrate in New York den niedrigsten Stand der letzten fünfzig Jahre. Die Straßen sind sauber, in den Parks spielen Kinder, die Polizei ist präsent. Warum sind die Hunde dann ängstlicher geworden?

Ich nehme an, dass es immer noch vieles gibt, was einen besorgt stimmen kann. Ich könnte selbst angsthemmende Kleidung gebrauchen, egal wo ich lebe. Gäbe es doch nur angsthemmende Shirts und Kleider und Hosen und Shorts. Nicht dass ich Shorts trüge. Alle anderen Amerikaner schon.

Sobald die Temperatur über einundzwanzig Grad steigt, findet eine Massenwanderung von Shorts aus Schubladen und Schrankfächern an die Körper der unterschiedlichsten Shortsbesitzer statt. Das geschieht so zuverlässig und vorhersehbar wie der Zug der Monarchfalter, die jedes Jahr im Oktober von den USA nach Mexiko aufbrechen.

Ich kenne niemanden, der nicht wenigstens ein Paar Shorts besitzt. Bis auf mich. Ich kann nicht verstehen, warum man den Wunsch haben sollte, seine Beine zu entblößen, aber meine Beine waren nie so beschaffen, dass ich sie unbedingt hätte entblößen wollen. Shorts sind einfach nichts für mich. Ich müsste gewaltig unter Betäubungsmitteln stehen, um mich bereitzufinden, Shorts anzuziehen, geschweige denn, in Shorts das Haus zu verlassen.

Ehrlich gesagt bin ich mir gar nicht so sicher, dass Shorts besser aussehen als ein Kleid. Als ich nach New York zog, rümpfte ich die Nase über die vielen unförmigen Menschen in Shorts. Inzwischen bewundere ich sie. Ich hege aufrichtige Bewunderung für Leute, die sich nichts dabei denken, Shorts anzuziehen und sich in diesem Aufzug auf die Fifth Avenue zu wagen.

Ich bin viel zu gehemmt. Ich wäre so gern unbeschwerter, entspannter. Mitten in meinen Überlegungen, ob ich mir vielleicht erlauben könnte, lange Shorts zu tragen, die bis unter das Knie reichen, erblickte ich auf der West Third Street einen Hund in Shorts. Ich traute meinen Augen nicht. Ich musste zweimal hinsehen. Hunde in Röcken habe ich schon erlebt, und das sieht absurd genug aus, aber ein Hund in Shorts?

Die Shorts waren besonders kurz und keck, und der Hund, der sie trug, war eine kleine Bulldogge. Ich glaube nicht, dass Bulldoggen von Natur aus dazu bestimmt sind, Shorts zu tragen. Sie sind keine besonders reinlichen Hunde. Die Shorts hatten ein dunkelbraun-gelbes Paisleymuster. Paisleymuster mag ich eigentlich. Aber nicht auf Shorts. Auf Shorts an Hunden.

Warum um alles in der Welt sollte man seinem Hund Shorts anziehen? Wie soll er pinkeln können? Müsste man ihm jedes Mal, wenn er sich erleichtern oder einen Baum oder Laternenpfahl oder Bürgersteig markieren will, die Shorts ausziehen?

Ich ging nach Hause. Ich sah die Nachbarin, die zwei Häuserblocks entfernt wohnt. Ich hätte sie fast gefragt, was für ein Tier ein Chinchilla ist, aber ich habe mich beherrscht. Stattdessen habe ich mich in meinen Hauseingang geflüchtet.

Meinen Mann belustigte mein neu entdecktes Interesse an Tieren. Er erzählte mir, dass sein Onkel, der in der britischen und in der australischen Marine gedient hatte, ihm erzählt hatte, dass die Höcker von Kamelen flach werden, wenn die Kamele durstig sind.

»Das wusste ich nicht«, sagte ich. Es klang völlig einleuchtend.

Mein Mann warf mir einen sonderbaren Blick zu. »Es stimmt auch nicht«, sagte er. »Kamelhöcker werden nicht flach.« Ich erwog zu sagen, dass ich das natürlich gewusst hätte. Aber mein Mann kennt mich zu gut. Er hatte schon zu lachen begonnen.

»Kamele speichern ihr Körperfett in den Höckern«, sagte er. »Sie können in ihren Höckern bis zu achtzig Pfund Fett speichern.« Ich war überwältigt. Was für eine clevere Verwendung für überflüssiges Körperfett. Man kann essen, so viel man will, und herumstolzieren und die eleganten Höcker präsentieren, statt den Bauch einzuziehen und korsettartige Unterwäsche zu tragen.

»Werden sie mit Höckern geboren?«, fragte ich ihn.

»Nein«, sagte er. »Babykamele bekommen ihre Höcker erst, wenn sie nicht mehr gesäugt werden.«

Ich war zutiefst beeindruckt. Wie viele Leute wissen so etwas? Mein Mann ist ein sehr kluger Mann.

Der Strand

New Yorker sprechen über Strandausflüge so aufgeregt, als wären sie kleine Kinder. Sie hopsen dabei nicht herum, aber sie täten es vermutlich, wenn so ein Betragen gesellschaftsfähig wäre.

Für Leute, die in einer engen, lauten, überfüllten großstädtischen Hochhausumgebung leben, hat der Strand fast etwas Mythisches. New Yorker träumen vom Strand, vor allem im Sommer. Von leisen, sanften Wellen. Vom Sand. Vom Wasser bis an den Horizont.

Ich habe Jahre gebraucht, um zu begreifen, dass ein Strandausflug etwas mit dem Meer zu tun haben kann.

Meine Eltern gingen nur an den Strand, wenn die Hitze so drückend wurde, dass der Aufenthalt in dem kleinen Häuschen mit seinen drei Zimmern, das wir bisweilen mit einer anderen Familie teilten, unerträglich war.

Mein Vater leistete in der Fabrik, in der er arbeitete, regelmäßig Überstunden, und meistens machten wir uns am Spätnachmittag oder am frühen Abend, wenn er von der Arbeit kam, auf den Weg zum Strand. Meine Mutter packte immer alles ein, was wir für unsere Strandausflüge brauchten. Sie packte Essen ein. In der Regel gab es geschälte Gurken, hart gekochte Eier, Frischkäse, einen Laib Roggenbrot, Orangen, deren Schalen bereits längs geviertelt eingeschnitten waren, und in Glücksfällen auch noch dunkelrote Kirschen. Außerdem packte sie zwei Decken ein und zwei Flaschen mit Leitungswasser. Mir war ganz schwindelig vor Aufregung, wenn ich meine Mutter für den Strandausflug packen sah.

Der Ausflug zum Strand war ein richtiges Abenteuer. Es begann mit dem Weg zur Straßenbahnhaltestelle und einer dreiviertelstündigen Straßenbahnfahrt von dem Arbeiterviertel in der Innenstadt von Melbourne in Australien, wo wir wohnten, zum Strand. Wir betraten die Straßenbahn mit unseren Decken und unserem Essen und Trinken.

Ich fuhr gerne Straßenbahn. Es war so vorhersehbar. Man setzte sich, der Schaffner kam vorbei, man zahlte für die Fahrkarte und erhielt einen buntgefärbten Fahrschein. Alles war so normal. Und so vieles in unserem Leben war alles andere als normal. Sieben Jahre zuvor waren meine Eltern beide noch in Todeslagern der Nazis eingesperrt gewesen. Todeslager, in denen fast jeder, den sie liebten, ermordet worden war.

Wenn wir den Strand erreichten, setzte meine Mutter uns auf dem baum- und gebüschbestandenen Teil des Strandes ab, der vom Wasser etwas entfernter liegt. Die Decken waren nötig, weil der Boden uneben und von Zweigen und abgebrochenen Ästen übersät war. Meistens waren schon andere Familien mit Decken und Verpflegung gekommen. In der Hauptsache waren es jüdische Familien. Italiener und Malteser und Griechen und andere Einwanderer, die ebenfalls während der großen Einwanderungswelle infolge des Zweiten Weltkriegs nach Australien gekommen waren, müssen andere Treffpunkte gehabt haben.

Ich fühlte mich glücklich, sobald ich auf der Decke saß. Ich liebte es, von Familien umringt zu sein. Ich kam mir immer vor wie auf einer Party. Es milderte ein wenig die Einsamkeit, wenn man mit toten Großeltern, toten Tanten und toten Onkeln aufwuchs. Es milderte die Einsamkeit, mit Cousins aufzuwachsen, die nie geboren waren.

Ich saß auf meiner Decke und aß hart gekochte Eier und hörte den Gesprächen der Erwachsenen zu. Ich weiß, dass andere Kinder auf anderen Decken saßen. Andere Kinder, die fast ausnahmslos Kinder von Überlebenden der Todes- oder

Arbeitslager waren. Aber ich kann mich nicht daran erinnern, dass ich oder eines der anderen Kinder herumgetollt wäre. Alles in allem waren wir still und blass. Blässe zeichnete uns. Die Blässe, die daher rührt, dass man in zu enger Nähe zum Tod lebt.

Manchmal kam ein Mann vorbei und verkaufte Erdnüsse in der Schale aus einem Bauchladen, der an einem Band um seinen Hals hing. Wenn ich großes Glück hatte, kaufte mein Vater mir eine Tüte Erdnüsse. Und wenn ich unvorstellbar großes Glück hatte, tauchte ein Eisverkäufer auf mit kleinen Pappbechern voll Eiscreme auf zerstoßenem Eis, und mein Vater kaufte mir eine Eiscreme, ohne auf die Einwände meiner Mutter zu hören.

Es war himmlisch. Ich war so glücklich. Selbst meine Mutter, deren Ängste wie ein enges Kleidungsstück an ihr klebten, sah gelassener aus, wenn sie auf ihrer Decke saß und die Meeresbrise genoss.

Jahre später ist mir aufgegangen, wie nahe wir dem Wasser waren. Und wie viel Wasser es war. Wir waren am Meeresstrand. Wasser war überall. Aus irgendeinem Grund kam es mir nicht merkwürdig vor, dass keiner von uns je auf den Gedanken kam, ins Wasser zu gehen oder gar zu schwimmen. Wir waren dort und saßen auf unseren Decken unter den Bäumen mitten im trockenen Gestrüpp. Wir waren dort, um uns von der Hitze zu erholen und um eine Atempause in unserer Angst zu finden.